www.ingramcontent.com/pod-product-compliance
Lightning Source LLC
Chambersburg PA
CBHW051902090426
42811CB00003B/428

ספר

# שערי תשובה

לרבינו החסיד

# רבינו יונה

## גירונדי

זצוקלה"ה

ידוע כי אין בר בלי תבן, כך אין ספר בלי טעויות, ועוד יודע אני כי דל ועני אני, **ואין עני אלא בדעה**. לכן מבקש אני בכל לשון של בקשה אם יש לכל אחד שאלות, הערות, הארות, תיקונים, נא לשלוח ל - simchatchaim@yahoo.com והשתדל לענות, ולתקן את הצריך תיקון.

אין לעשות שימוש כל שהוא בחומר שבחלק זה לצורך מסחרי, אלא רק ללמוד וללמד.

להשיג ספר זה או ספרים אחרים לאינפורמציה
simchatchaim@yahoo.com

# תּוֹכֶן הַסֵפֶר

## הרב החסיד רבנו יונה

הרב החסיד רבנו יונה בן אברהם גירונדי, הסתלק בטולידו בשנת 1263.
היה מגדולי רבני ספרד, היה קרובו ומחותנו של רמב"ן, ועמד אותו בקשרים
כל ימיו. היה תלמידו של רבי שלמה מן ההר במונפליה, ובעקבותיו נלחם
בלימוד הפילוסופיה.

לאחר שובו לגרונה התחיל לדרוש שם ברבים במוסר ובתורת המידות,
לאחר זמן עזב את גרונה ועבר לברצלונה, שם קבע ישיבה שתלמידים נהרו
אליה מספרד ומארצות אחרות, בין תלמידיו היו הרשב"א ורבי הלל מורונה.

ספרי המוסר של רבנו יונה התפשטו בכל תפוצות ישראל, והייתה להם
השפעה גדולה על הדורות הבאים.

ספריו: פירושים למשלי ולפרקי אבות; חידושים למסכת בבא בתרא
וסנהדרין; פירוש לרי"ף למסכת ברכות; פירוש הגדה של פסח; משפטי
בדיקות הריאה; אגרת התשובה; ספר היראה; **שערי תשובה**.

# שערי תשובה

## רבינו יונה

### בביאור התשובה ועיקריה

### שער א

**א.** מן הטובות אשר היטיב השם יתברך עם ברואיו כי הכין להם הדרך לעלות מתוך פחת מעשיהם. ולנוס מפח פשעיהם. לחשוך נפשם מני שחת ולהשיב מעליהם אפו. ולמדם והזהירם לשוב אליו כי יחטאו לו לרוב טובו וישרו כי הוא ידע יצרם שנאמר [תהלים כה ח] - טוב וישר הוי"ה על כן יורה חטאים בדרך. ואם הרבו לפשוע ולמרוד ובגד בוגדים בגדו לא סגר בעדם דלתי תשובה שנאמר [ישעיהו לא ו] - שובו לאשר העמיקו סרה. ונאמר [ירמיהו ג כב] - שובו בנים שובבים ארפא משובותיכם. והוזהרנו על התשובה בכמה מקומות בתורה. והתבאר כי התשובה מקובלת גם כי ישוב החוטא מרוב צרותיו. כל שכן אם ישוב מיראת השם ואהבתו שנאמר [דברים ד ל] - בצר לך מצאוך כל הדברים האלה באחרית הימים ושבת עד הוי"ה אלהי"ך ושמעת בקולו. והתבאר בתורה כי יעזור השם לשבים כאשר אין יד טבעם משגת. ויחדש בקרבם רוח טהור להשיג מעלות אהבתו שנאמר [דברים ל ב] - ושבת עד הוי"ה אלהי"ך ושמעת בקולו ככל אשר אנכי מצוך היום אתה ובניך בכל לבבך ובכל נפשך. ואומר בגוף העניין [דברים ל ו] - ומל הוי"ה אלהי"ך את לבבך ואת לבב זרעך להשיג אהבתו. והנביאים והכתובים דברו תמיד על דבר התשובה עד כי באו עקרי התשובה כולם מפורשים בדבריהם כאשר יתבאר:

**ב.** ודע כי החוטא כאשר יתאחר לשוב מחטאתו יכבד עליו מאוד ענשו בכל יום. כי הוא יודע כי יצא הקצף עליו ויש לו מנוס שמה. והמנוס הוא התשובה. והוא עומד במרדו והנו ברעתו. ובידו

לצאת מתוך ההפכה. ולא יגור מפני האף והחמה. עד כאן רעתו רבה, ועין במדרש קהלת משל על זה:

**ג.** ולא ימצא איחור התשובה זולתי בעמי הארץ. אשר הם ישנים שוכבים. ולא ישובו אל לבבם ולא דעת ולא תבונה להם למהר להימלט על נפשם. ויש מהם נדחים מעל הוי"ה ברוך הוא לא יאמינו לעונש החטא. ואמרו רבותינו זיכרונם לברכה [ברכות יט א] - אם ראית תלמיד חכם שעבר עבירה בלילה אל תהרהר אחריו ביום כי באמת עשה תשובה:

**ד.** ועוד התבונן ברעת המתאחר מן התשובה כי רעה הוא. כי לולי התמהמה. כי עתה שב נאנח במרירות לב ברגזה ובדאגה. ודלפה עינו מתוגה. כי יפגשהו יצרו שנית ויזדמן החטא לידו. יכבוש את יצרו יזכור אשר עברה עליו כוס המרירות ולא יוסף לשתותה עוד. כמו שנאמר [תהלים ד ה] - רגזו ואל תחטאו ביאורו רגזו והצטערו על אשר חטאתם ואל תחטאו עוד. כי הזכיר חטאם למעלה באמרו תבקשו כזב סלה. ויעיד על זה הפירוש אמרו רגזו מלשון [בראשית מה כד] - אל תרגזו בדרך. [חבקוק ג טז] - ותחתי ארגז. ועניינם הצער על הדבר שעבר ועל ההווה. ולא אמר יראו או גורו. וכאשר יאחר לשוב בבא החטא לידו ייפול במוקשו כנפול בתחילה. ויגדל עוונו האחרון מאוד. ותעלה רעתו לפני הוי"ה. כי מראשית לא חשב כי פתאום יבא היצר השודד עליו. אך אחרי אשר ראה דלות כחו ואשר גברה יד יצרו עליו וכי עצום הוא ממנו. היה עליו לראות כי פרוע הוא. ולשית עצות בנפשו להוסיף בה יראת הוי"ה. ולהפיל פחדו עליה. ולהצילה ממארב יצרו ולהשתמר מעונו. ואמר שלמה המלך עליו השלום [משלי כו יא] - ככלב שב על קיאו כסיל שונה באולתו. ביאורו כי הכלב אוכל דברים נמאסים וכאשר יקיאם נמאסים יותר והוא שב עליהם לאכלם. כך עניין הכסיל. כי יעשה מעשה מגונה. וכאשר ישנה בו מגונה יותר כאשר בארנו:

**ה.** השנית - כי השונה בחטאו תשובתו קשה כי נעשה לו החטא כהיתר. ובזה כבדה מאוד חטאתו. כמו שנאמר [ירמיהו ג ה] - הנה

ד

דברת ותעשי הרעות ותוכל. ביאור ותוכל. כי הרעות נעשות לך כהיתר וכדבר שהוא ביכולתך וברשותך. מלשון [דברים יב יז] - לא תוכל לאכול בשעריך, שתרגומו לית לך רשו. ואמרו רבותינו זיכרונם לברכה כיון שעבר אדם עבירה ושנה בה נעשית לו כהיתר. ואמרו רבותינו זיכרונם לברכה על האיש שעבר עבירה ושנה בה כי מכאן ואילך אם יחשוב לעשות העבירה ונאנס ולא עשאה מחשבתו הרעה מצטרפת למעשה. ועליו נאמר [ירמיהו ו יט] - הנה אנכי מביא רעה אל העם הזה פרי מחשבותם:

**ו.** ועתה בינה שמעה זאת כי הוא עיקר גדול, אמת כי יש מן הצדיקים שנכשלים בחטא לפעמים. כעניין שנאמר [קהלת ז כ] - כי אדם אין צדיק בארץ אשר יעשה טוב ולא יחטא. אכן כובשים את יצרם מאת פניהם. ואם יפלו בחטא פעם אחת לא ישנו לו. ונקוטו בפניהם. וחוזרים בתשובה. אך כל אשר אינו נזהר מחטא ידוע. ואינו מקבל על נפשו להישמר ממנו. גם אם הוא מהעונות הקלים. אף על פי שהוא נזהר מכל העבירות שבתורה קראוהו חכמי ישראל מומר לדבר אחד. ואת פושעים נמנה. וגדול עונו מנשוא. כי אם אמור יאמר העבד לרבו. כל אשר תאמר אלי אעשה זולתי דבר אחד. כבר שבר עול אדוניו מעליו. והישר בעיניו יעשה. וכל העניין הזה נאמר [דברים כז כו] - ארור האיש אשר לא יקים את דברי התורה הזאת לעשות אותם. ביאור אשר לא יקבל על נפשו לקיים כל דברי תורה מראש ועד סוף. ויורה על זה אשר לא יקים לעשות. ולא אמר אשר לא יעשה אותם:

**ז.** ועוד תדע כי השונה עבירה אחת עשר פעמים. אף על פי שנזהר מכל שאר העבירות. הנה הוא נחשב כעובר על עבירות חלוקות. וכן אמרו רבותינו זיכרונם לברכה כי אם יאמרו לנזיר אל תשתה והוא שותה. אל תשתה והוא שותה. לוקה באחרונה על כל אחד ואחד. כמשפט האוכל טריפה. בהמה טמאה. וחלב ודם:

**ח.** וראה ראינו כי רבו עונות הדור על זאת. כי יש אנשים רבים שמקבלים על נפשם להיזהר מעבירות ידועות וכל ימי חייהם

אינם נזהרים בהם. אבל הם אצלם כהיתר. ואלו לא היו נוהגים כן רק על עבירה אחת. חלי רע הוא בנפשם כאשר ביארנו. אף כי נוהגים על אזהרות רבות וכהנה מן החמורות. כמו שבועת חנם. ומקלל את חבירו או את עצמו בשם. והזכרת שם שמים לבטלה. או במקום שאינו טהור. או בידיים לא נקיות. והעלמת עין מן העני. ולשון הרע. ושנאת חנם. וגבהות הלב. ונתינת חתית. והסתכל בעריות. וביטול תלמוד תורה כנגד כולם. ורבות כאלה. כתבנו מקצתם אצל בני הדור להזכירם ולהזהירם. וכן ראוי לכל בעלי תשובה לכתוב במגלת ספר הדברים אשר נכשלו בהם. והמצות אשר קצרו בקיומם. ולקרוא בספר זכרונותם בכל יום:

**ט.** והנה מדרגות רבות לתשובה. ולפי המדרגות יתקרב האדם אל הקדוש ברוך הוא. ואמנם לכל תשובה תמצא סליחה. אך לא תטהר הנפש טוהר שלם להיות העונות כלא היו. זולתי כאשר יטהר האדם את לבו ויכין את רוחו כאשר יתבאר. וכן כתוב [תהלים לב ב] - אשרי אדם לא יחשוב הוי"ה לו עון ואין ברוחו רמיה. וכעניין הבגד הצריך כבוס. כי המעט מן הכיבוס יועיל בו להעביר הגעל ממנו. אך לפי רוב הכיבוס יתלבן. וכן כתוב [תהלים נא ד] - הרב כבסני מעוני. ותכבס הנפש מן העון כפי אשר תכבס את לבה. שנאמר [ירמיהו ד יד] - כבסי מרעה לבך ירושלים. ואמרו רבותינו זיכרונם לברכה [תהלים קיב א] - אשרי איש ירא את הוי"ה. **בעודו איש**. רצונו לומר - כי תשובת האדם המעולה בימי בחורותיו בעוד כחו עליו יתגבר על יצרו. אכן כל תשובה מועילה. כמו שכתוב [תהלים צ ג] - תשב אנוש עד דכא ותאמר שובו בני אדם. ואמרו רבותינו זיכרונם לברכה עד דכדוכה של נפש:

**עתה נבאר עיקרי התשובה:**

**י. העיקר הראשון** - החרטה. יבין לבבו כי רע ומר עזבו את הוי"ה. וישיב אל לבו כי יש עונש ונקם ושלם על העון. כעניין שנאמר [דברים לב לה] - לי נקם ושלם. ונאמר [איוב יט כט] - גורו לכם מפני חרב כי חמה עונות חרב. ויתחרט על מעשיו הרעים.

ויאמר בליבו מה עשיתי. איך לא היה פחד אלהי"ם לנגד עיני. ולא יגורתי מתוכחות על עוון. ומן השפטים הרעים. כי רבים מכאובים לרשע. לא חמלתי על גופי ולא חסה עיני עליו משחתו. מפני הנאת רגע אחד. ונמשלתי לאיש שיגזול ויחמוס ויאכל וישבע. ויודע כי אחרי אכלו ואחרי שתו יגרס השופט בחצץ שיניו. כעניין שנאמר [משלי כ יז] - ערב לאיש לחם שקר ואחר ימלא פיהו חצץ. ורעה מזאת כי הייתי על הנפש היקרה אכזרי. ונטמאה בגילולי יצרי. ומה הועילה בכל קניניה. אם רעה בעיני אדוניה. ואיך החלפתי בעולם חולף. עולם עומד לעד לעולם. איך נמשלתי כבהמות נדמתי. והלכתי אחרי יצרי כסוס כפרד אין הבין. ותעיתי מדרך השכל. והנה הבורא נפח באפי נשמת חיים חכמת לב וטובת שכל. להכירו וליראה מלפניו. ולמשול בגוף וכל תולדותיו. כאשר המשילה על שאר בעלי חיים שאינם מדברים. מאשר יקרה בעיניו נכבדה. ואחרי אשר בעבור זאת נבראתי. ויהי בי הפך מזה. למה לי חיים. כעניין שנאמר [משלי כא טז] - אדם תועה מדרך השכל בקהל רפאים ינוח. ועוד כי כמשפט הבהמה לא עשיתי, אבל שפלתי ממנה, כי [ישעיהו א ג] - ידע שור קונהו וחמור אבוס בעליו. ואני לא ידעתי ולא התבוננתי. ושלחתי נפשי לחפשי מאדוניה. וטעמתי צופי. ונשיתי סופי. וגזלתי וחמסתי. ועל דל בוססתי. ולא זכרתי יום המוות. אשר לא יישאר לפני נשמתי. בלתי אם גויתי ואדמתי. ועניין הזה אשר ביארנו. הוא אשר דבר ירמיה עליו השלום [ירמיהו ח ו] - אין איש נחם על רעתו לאמר מה עשיתי:

**יא. העיקר השני** - עזיבת החטא. כי יעזוב דרכיו הרעים ויגמור בכל לבבו כי לא יוסיף לשוב בדרך הזה עוד. ואם און פעל לא יוסיף. כעניין שנאמר [יחזקאל לג יא] - שובו שובו מדרכיכם הרעים. ונאמר [ישעיהו נה ז] - יעזוב רשע דרכו. ודע כי מי אשר חטא על דרך מקרה. כי התאווה תאווה. ויחזק עליו יצרו ויתקפהו. ולא נחלצו רעיוניו וחושיו בפגעו בו. ולא מיהרו לגעור בים התאווה ויחרב. על כן יגורהו היצר בחרמיו. ונפל במכמוריו. לפי שעתו ועתו. בהיות רוח היצר רע מבעתו. ולא מאשר חפצו

ורצונו. למצוא עונו. ולעשות כמוה אחרי זאת. ראשית תשובת האיש הזה החרטה. ולשים יגון בליבו על חטאתו. ולהיות נפש נענה. ומרה כלענה. אחרי כן יוסיף בכל יום יראת הוי"ה בנפשו. וייתן חתת אלהי"ם בלבבו בכל עת. עד אשר יהיה נכון לבו בטוח בהוי"ה. כי אם יוסיף יעבור בו לפניו היצר ויפגשהו כפעם בפעם. ורבה עליו תאוותו כמשפט הראשון. לא יהיה נפתה לבו עליו. ויעזוב דרכו. כמו שנאמר [משלי כח יג] - ומודה ועוזב ירוחם. הזכיר תחילה ומודה. על החרטה והווידוי. ואחר כך ועוזב. אך האיש המתייצב על דרך לא טוב תמיד. וגבר על חטאיו דורך בכל יום ושונה באולתו. ושב במרוצתו גם פעמים רבות. וכל עת אוהב הרע. ומכשול עונו ישים נוכח פניו. רצונו לומר - התאווה והיצר. וחפצו מגמתו. אשר לא יבצר ממנו כל אשר יזם לעשות. ראשית תשובת האיש הזה. לעזוב דרכו ומחשבתו הרעה. ולהסכים לקיים ולקבל עליו לבל יוסיף לחטוא. אחרי כן יתחרט על עלילותיו הנשחתות. וישוב אל הוי"ה. כמו שכתוב [ישעיהו נה ז] - יעזוב רשע דרכו ואיש און מחשבותיו וישוב אל הוי"ה וירחמהו. והמשל בזה, למי שאוחז השרץ ובא לטבול ולהיטהר, כי יניח השרץ תחילה, ואחרי כן יטבול ויטהר, וכל זמן שהשרץ בידו עוד טומאתו בו, ואין הטבילה מועילה, והנה עזיבת מחשבת החטא, היא השלכת השרץ, והחרטה מאשר חטא, והווידוי והתפלה, במקום הטבילה, והיה כי יבאו ייסורים ומכאובים על הרשע, אשר תמיד כל זממיו, להתהלך באשמיו, יוסר בתחילה וישוב ממחשבתו הרעה אשר חשב, ויכרית מעבדיו מידיו, והמשל בזה לעגל אשר יכוהו במלמד הבקר לכוון תלמיו, כן המתייצב על דרך לא טוב, ייקח המוסר תחילה לעזוב דרכי מות ללכת דרך ישר, כמו שכתוב [ירמיהו לא יח] - שמוע שמעתי אפרים מתנודד יסרתני ואוסר כעגל לא למד. ועוד נאמר אחריו [ירמיהו לא יט] - כי אחרי שובי נחמתי. רוצה לומר כי אחרי אשר יסרתני ואוסר, ושבתי מדרכי הרעה, נחמתי אחרי כן ואתחרט על מה שעבר מדברי עונותיי, והנה נתבאר לך מזה כל העניין אשר ביארנו:

**יב. העיקר השלישי** - היגון, ישתונן כליותיו, ויחשוב כמה רבה

רעת מי שהמרה את יוצרו, ויגדיל יגון בלבבו, וסער מתחולל ברעיונו, וייאנח במרירות לב, כי יתכן שיתחרט וירע בעיניו כל חטאתו אשר חטא ולא השלים חקו בזה, כי גם הפסד דינר או איסר קשה בעיני האדם, אך אם אבד עשרו בעניין רע ויצא נקי מנכסיו, נפשו עליו תאבל, ותכבד אנחתו, נפשו מרה לו, וכן על צרות רעות ורבות כאבו נצח, ויגון בליבו יומם, ויותר מהמה ראוי שיצטער וייאנח מי שהמרה את השם יתברך והשחית והתעיב עלילה לפניו, ולא זכר יוצרו אשר בראו יש מאין, וחסד עשה עמו, וידו תנחהו בכל עת, ונוצר נפשו בכל רגע, ואיך מלאו לבו להכעיס לפניו, ואיך טח מראות עיני החוטא, מהשכיל לבבו, והמשכיל אשר נפקחו עיניו, יוחקו הדברים האלה בליבו. ויבואו חדרי רוחו:

**יג.** ומדרגות התשובה ומעלותיה, לפי גודל המרירות ועוצם היגון, והיא התשובה אשר תבוא מדרך טוהר הנפש וזכות שכלה, כי לפי שכלו, וכפי אשר תפקח עיניו, ירבו ויעצמו במאד מאד יגוניו ברעיוניו, על רוב עוניו, כמו שנאמר [ישעיהו נז טז] - כי לא לעולם אריב ולא לנצח אקצוף כי רוח מלפני יעטוף ונשמות אני עשיתי. ביאורו כאשר יעטוף ויצטער הרוח שהוא מלפני כי הוא מן העליונים, ויעטפו בשמות אשר אני עשיתי, לא אריב עוד ולא אקצוף, כי איך לא אחון וארחם על נפש יקרה אשר היא מלפני, ונשמות אני עשיתי, על כן יקל העוון כפי אשר תכבד עבודת האנחה עליו, כי היגון יבא מאת טוהר הנשמה העליונה, ונרצתה בזה יותר מאשר תרצה ברוב ייסורי הגוף ומכאוביו, והמשל בזה כי המלך יחמול על חניכיו ילידי ביתו הקרובים אליו והם מאצילי ארץ הנכבדים וייתן להם חנינה, יותר מחמלתו על הרחוקים ופחותים, ואמר [ישעיהו נז טז] - ונשמות אני עשיתי. לקרבתן אל העליונים, אף על פי שהגוף והכל מעשה ידיו, וכמוהו [שמות לב טז] - והלוחות מעשה אלהי"ם המה. ועוד אמרו רבותינו זיכרונם לברכה [נידה לא א] - שלשה שותפין יש באדם אביו ואימו והקדוש ברוך הוא. ולפי שאין לאב ולאם שותפות בנשמה, על כן אמר ונשמות אני עשיתי, יורה על אמרו כי רוח מלפני, כי ענינו כאשר

ביארנו:

**יד.** ואמר דוד המלך עליו השלום [תהלים לח י] - הוי"ה נגדך כל תאותי ואנחתי ממך לא נסתרה. ביאורו גלויה לפניך כל תאוותי כי איננה זולתי לעבודתך, ואתה יודע אנחתי כי איננה על עסקי עולם והדברים הכלים, זולתי על חטאי ועל קוצר ידי בעבודתך, ואמר אחד מן המתנפלים בחין ערכו, אנחתי מפחדך, הרחיקה ממני האנחות, דאגתי מקוצר ידי בעבודתך, הרחיקה ממני הדאגות.

**טו. העיקר הרביעי** - הצער במעשה, כמו שנאמר [יואל ב יב] - וגם עתה נאום הוי"ה שובו עדי בכל לבבכם ובצום ובבכי ובמספד. ואמרו ז"ל - הלב והעיניים שני סרסורי החטא. וכן כתוב [במדבר טו לט] - ולא תתורו אחרי לבבכם ואחרי עיניכם. לכן בזאת יכופר עוון הסרסורים, במידת תשובתם, כנגד מידת משובתם, כי יתכפר עוון לבב החטאים. במרירותם ואנחותם, בשבר אשר הם שוברים אותו. כמו שכתוב [ישעיהו נז טז] - כי רוח מלפני יעטוף. ונאמר [תהלים נא יט] - לב נשבר ונדכה אלהי"ם לא תבזה. ומשל על זה מן הכלים הטמאים אשר נשברו, מטומאתם טהרו, כמו שכתוב [ויקרא יא לה] - תנור וכירים יותץ. ועוון העיניים יכפר בדמעות, כמו שנאמר [תהלים קיט קלו] - פלגי מים ירדו עיני על לא שמרו תורתך. לא אמר על לא שמרתי תורתך, אבל אמר לא שמרו, כי הם סבבו החטא על כן הורדתי פלגי מים:

**טז. העיקר החמישי** - הוא הדאגה, כי ידאג ויפחד מעונש עונותיו, כי יש עונות שהתשובה תולה כפרתן ויסורין ממרקין, כמו שכתוב [תהלים לח יט] - כי עוני אגיד אדאג מחטאתי. ועניין היגון על שעבר, ועניין הדאגה על העתיד, ועוד שנית ידאג, אולי הוא מקצר בחובת התשובה בצער ובמרירות ובצום ובבכי, וגם כי הרבה צער והרבה בכה יזחל ויירא אולי לעומת זה הרבה אשמה, ולא השלים חוקו את כל ענותו ואשר יבכה בצום נפשו, ומי שהתבונן בגודל עבודת הבורא על יצוריו וכי אין קץ לרעת

הממרה את פיו, כל אשר יוסיף בעבודה ובדרכי התשובה, הלא מצער היא, והנה למעט בעיניו, ואמר שלמה המלך עליו השלום [משלי יד טז] - חכם ירא וסר מרע ובאורו. החכם אף על פי שהוא סר מרע בכל מאמצי כחו, יירא ויזחל, אולי לא כלה חקו, ולא נזהר כדת מה לעשות, וכמוהו [משלי כח ו] - מעקש דרכים והוא עשיר. אף על פי שהוא עשיר, וכן אמרו רבותינו זיכרונם לברכה בלמדנו [משלי יד טז] - אל תפרש חכם ירא וסר מרע אלא חכם סר מרע ויירא, וסוף הפסוק מוכיח עליו [משלי יד טז] -וכסיל מתעבר ובוטח. אמר על מידות הכסיל שהוא בהיפך ממידת החכם כי הכסיל מתעבר ועם כל זאת בוטח שלא יקרהו עוון ונזק, ובעל הכעס עלול לפשעים ומופקר לנזקים, שנאמר [משלי כט כב] - ובעל חמה רב פשע. ונאמר [משלי כה כח] - עיר פרוצה אין חומה איש אשר אין מעצר לרוחו:

**יז.** ועוד ידאג בעל תשובה פן יתגבר עליו יצרו. כמו שאמרו ז"ל [פרקי אבות ב ד] - אל תאמין בעצמך עד יום מותך. כל שכן האיש אשר נצחו לבו כבר, כי ראוי להישמר מן היצר האורב בכל עת, ולהוסיף בנפשו יראת הוי"ה יום יום, ותהיה לו למעוז בעבור עליו כל משברי היצר המתחדש לעתיד.

**יח.** ודבר שלמה המלך עליו השלום על דבר התשובה, ופרט בו העניין הזה, ופתח פתח דבריו ואמר [משלי כח יב] - בעלוץ צדיקים רבה תפארת ובקום רשעים יחופש אדם. פירוש הצדיקים מפארים ומכבדים בני אדם, על כל מעלה טובה הנמצאים בהם, והרשעים מחפשים מומי בני אדם ושגאותם להשפילם, ואף על פי שכבר הזניחו המעשים ההם וחזרו בתשובה, אחר כך אמר [משלי כח יג] - מכסה פשעיו לא יצליח ומודה ועוזב ירוחם. כי אף על פי שאין לבעל התשובה לגלות עונותיו לבני אדם, כמו שיש להבין מה שאמר ובקום רשעים יחופש אדם, אבל חייב להתוודות עליהן, כעניין שנאמר [תהלים לב ה] - חטאתי אודיעך ועוני לא כסיתי. ונאמר [ירמיהו ב לה] - הנני נשפט אותך על אמרך לא חטאתי. וחכמי ישראל ז"ל פירשו, פעמים שהמכסה פשעיו לא

יצליח, כמו בעבירות שבין אדם לחבירו, כי אין לו כפרה עד אשר ישיב הגזלה והחמס והעושק, ועד אשר יבקש מחילה מאשר הציק לו, או הלבין פניו, או ספר עליו לשון הרע, או בעבירות שבין אדם למקום שנתפרסמו לבני אדם כי העושה עבירות בפרהסיה מחלל את השם. וחייב להתאונן ולהתאבל עליהם לפני בני אדם לקדש את השם, וזהו שכתוב [ירמיהו לא יח] - כי אחרי שובי נחמתי ואחרי הודעי ספקתי על ירך. עניין נחמתי החרטה והצער, כי עיקר התשובה במרירות הלב כאשר בארנו, ואחרי הודעי ספקתי על ירך, אחרי שנודעתי לבני אדם והתפרסמו עונותיי התאבלתי במעשים נראין לבני אדם, כמו [יחזקאל כא יז] - ספוק אל ירך. ונאמר [איוב לג כז] - ישור על אנשים ויאמר חטאתי וישר העויתי:

**יט.** ומודה ועוזב ירוחם, פירוש אף על פי כי יסודות התשובה שלוש - החרטה. והווידוי. ועזיבת החטא. החרטה והווידוי בכלל מודה, כי המתודה מתחרט, ואין תשובה פחותה משלש אלה, כי המתחרט ומתודה ואיננו עוזב החטא דומה למי שטובל ושרץ בידו, אכן מודה ועוזב ירוחם. כי הוא בעל תשובה. אף על פי שיש לתשובה מדרגות רבות כאשר ביארנו:

**כ.** אמר אחרי כן [משלי כח יד] - אשרי אדם מפחד תמיד ומקשה לבו ייפול ברעה. פירוש אף על פי שהוא מודה ועוזב יש עליו לפחד תמיד, אולי לא השלים חוק התשובה, כי היא צריכה למדרגות רבות, ויוסיף אומץ בכל יום להשיג המדרגות, גם יפחד אולי יתחדש עליו יצרו, וישמר ממנו בכל עת, ויוסיף יראת השם בנפשו תמיד, ויתפלל תמיד אל השם לעזרו אל התשובה, ולהצילו מיצרו, ומקשה לבו ייפול ברעה, האומר בליבו השלמתי חוק תשובתי, ואיננו משתדל תמיד להשיג מדרגות התשובה ולהוסיף בנפשו יראה, ייענש על זה, כי הוא רם לבב, ואיננו מכיר מגרעת נפשו, ואם איננו מכיר גודל חיובו להכשיר דרכיו ביתרון הכשר לפני השם, גם איננו נשמר מיצרו האורב לו תמיד, על כן ייפול ביד יצרו:

**כא. העיקר השישי** - הוא הבושה, כעניין שנאמר [ירמיהו לא יט] - בושתי וגם נכלמתי כי נשאתי חרפת נעורי. והנה החוטא יבוש מאוד לעבור עבירות לפני בני אדם, ויכלם אם ירגישו ויכיר בעבירותיו, ואיך לא יבוש מן הבורא יתברך, ואין זה כי אם לפי היות השם יתברך רחוק מכליותיו, על כן יבוש מן הנבראים, ולא יבוש מן הבורא יתברך, ואמרו רבותינו זיכרונם לברכה [ברכות כח ב] - כי בשעת פטירת רבן יוחנן בן זכאי אמרו לו תלמידיו רבינו ברכנו, אמר להם יהיה רצון שיהא מורא שמים עליכם כמורא בשר ודם, אמרו לו רבינו עד כאן ולא יותר אמר להם הלואי, תדעו שהרי אדם עובר עבירה בסתר ואומר הלואי לא יראני האדם:

**כב.** והמדרגה העליונה בזה שיכלם האדם על עונותיו מלפני השם יתברך, ועניין ההכלמה, ההרגשה בבושה, והשתנות זיו פניו כעניין שנאמר [תהלים סט ח] - כסתה כלימה פני. ובכל מקום תראה הכלימה נזכרת אחר הבושה כי היא יתירה מן הבושה [יחזקאל לו לב] - בושו והכלמו. [ירמיהו לא יט] - בושתי וגם נכלמתי. ובראות החוטא כי השם יתברך מעביר עונו ומאריך לו, ואיננו נפרע ממנו, ולא כחטאיו עשה לו, ולא כעונותיו גמל עליו, יוסיף בושה בלבבו, הלא החוטא למלך בשר ודם ובוגד בו והוא מכפר לו יבוש ממנו, וכן כתיב [יחזקאל טז סג] - למען תזכרי ובושת מכל עלילותיך בכפרי לך לכל אשר עשית, ואמרו רבותינו זיכרונם לברכה [ברכות יב ב] - העושה דבר ומתבייש ממנו מוחלין לו על כל עונותיו. וכן מצינו בשאול שאמר [שמואל-א כח טו] - ולא ענני עוד גם ביד הנביאים גם בחלומות. ולא הזכיר אורים ותומים, כי נתבייש להזכירם, מפני שהרג נוב עיר הכהנים, ואמר לו שמואל [שמואל-א כח יט] - מחר אתה ובניך עמי. עמי במחיצתי, וישיג אדם מדרגת הבושה בהתבודד לחשוב בגדולת השם, וכמה רבה רעת הממרה את פיו, ובזכרו תמיד כי השם רואה מעשיו ובוחן כליותיו וצופה מחשבותיו:

**כג. העיקר השביעי** - הכניעה בכל לב, והשפלות, כי המכיר את

בוראו ידע כמה העובר על דבריו שח ושפל, ונגרע מערכו, כעניין שנאמר [תהלים טו ד] - נבזה בעיניו נמאס. ונאמר [איוב טו טז] - אף כי נתעב ונלאה איש שותה כמים עולה. [ירמיהו ו ל] - כסף נמאס קראו להם. על כן ייכנע ויהיה שפל בעיניו, ודוד המלך עליו השלום בהתוודותו על חטאו בבוא אליו נתן הנביא אמר בסוף דבריו [תהלים נא יט] - זבחי אלהי"ם רוח נשברה לב נשבר ונדכה אלהי"ם לא תבזה. רוח נשברה, רוח נמוכה, למדנו מזה כי ההכנעה מעיקרי התשובה, כי המזמור הזה יסוד מוסד לעיקרי התשובה, ובהכנעה יתרצה האדם אל השם, שנאמר [ישעיהו סו ב] - על עני ונכה רוח. ונאמר בעניין התשובה [ישעיהו נז יד-טו] - ואמר סלו סלו פנו דרך וגו', כי כה אמר רם ונשא שוכן עד וקדוש שמו מרום וקדוש אשכון ואת דכא ושפל רוח להחיות רוח שפלים ולהחיות לב נדכאים. למדנו כי ההכנעה מעיקרי התשובה, וכן שאר כל הפרשה מדברת על בעלי התשובה [ישעיהו נז טז-יח] - כי לא לעולם אריב וגו', בעון בצעו קצפתי וגו', דרכיו ראיתי וארפאהו ואנחהו וגו'. פירושו - דרכיו ראיתי בהכנעה, כמו שאמר ואת דכא ושפל רוח, ובמרירות הלב כמו שאמר [ישעיהו נז טז] - כי רוח מלפני יעטוף. וארפאהו, כי אסלח לעונו, כמו [הושע יד ה] - ארפא משובתם. [ישעיהו ו י] - ושב ורפא לו. ואנחהו, אעזרהו על עזיבת החטא ואגבירהו על יצרו:

**כד.** ודע כי מעלות ההכנעה רבות כאשר יתבאר בשערי הענוה בע"ה, והמדרגה העליונה בהכנעה המחויבת מדרך התשובה, שיגדיל ויאדיר עבודת הוי"ה, ולא יחזיק טובה לעצמו, כי יקטן הכל בעיניו כנגד מה שהוא חייב בעבודת השם, על כן ייכנע ויעבוד בהצנע, ולא יחמוד כבוד על מעשיו הנכבדים, ולא יבקש תפארת על פעליו המפוארים, ויסתירם מרעיו כפי היכולת:

**כה.** ובא העניין הזה על עיקר התשובה מבואר בדברי הנביא עליו השלום שנאמר [מיכה ו ו] - במה אקדם הוי"ה אכף לאלה"י מרום. פירושו - במה אקדם הוי"ה על רוב חסדיו, כי הזכיר למעלה בפרשה מחסדי השם יתברך, ובמה אכף לאלה"י מרום על רוב

חטאי. והזכיר אלה"י מרום, להורות ולהודיע כמה ראוי אשר יכף וייכנע מי שהמרה רם על הכל, ובאר העניין אחרי כן, האקדמנו בעולות בעגלים בני שנה, [מיכה ו ז] - הירצה הוי"ה באלפי אלים ברבבות נחלי שמן. אשר אקדמנו בהם על רוב חסדיו האתן בכורי פשעי. להראות כניעתי וכפיפתי על רוב חטאי, כי אני מכיר עוצם פשעי, כי ראוי לתת בכורי קרבן בעבור פשעי, כי רב מאוד וכי עצום, פרי בטני חטאת נפש, הזכיר על הפשע בכורי ועל החטאת פרי בטני, כי הפשע הוא המרד כאשר אמרו רבותינו זיכרונם לברכה והוא יותר מן החטא. והייתה התשובה [מיכה ו ח] - הגיד לך אדם מה טוב ומה הוי"ה דורש ממך כי אם עשות משפט ואהבת חסד. כי זה נבחר מן העולות והמנחות לקדם בו את הוי"ה על חסדיו [מיכה ו ח] - והצנע לכת עם אלהי"ך. זה עיקר כניעתך וכפיפתך לעבוד את הוי"ה בהצנע לכת כי זה יורה על כניעתך שלא תחמוד כבוד על מעשיך הנכבדים אף כי על המעלות אשר לא יחפוץ בהם היוצר מן יצוריו, כי אין להתהלל בהם, כמו העושר והגבורה וממיני החכמות, זולתי השכל וידוע את השם יתברך כמו שנאמר [ירמיהו ט כב] - אל יתהלל חכם בחכמתו וגו':

**כו.** ועוד נתחייב בעל התשובה על הכניעה, מפני שהוא חייב להסיר מנפשו המידות שגורמות לחטוא ומעוללות הפשעים:

**כז.** והגאוה מסבבת כמה עבירות, ומגברת יצר לב האדם עליו, שנאמר [דברים ח יד] - ורם לבבך ושכחת את הוי"ה אלהי"ך. ונאמר [משלי כא ד] - רום עינים ורחב לבב נר רשעים חטאת. פירושו - הגאוה ניר הרשעים, כי ממנה יפרו החטאים, כאשר נאמר ורם לבבך ושכחת, ונאמר [תהלים י ב] - בגאות רשע ידלק עני. ונאמר [תהלים לא יט] - הדוברות על צדיק עתק בגאוה. ונאמר [יחזקאל לב כד] - אשר נתנו חתיתם בארץ חיים. וכמו שעושים בני אדם ניר בשדה כדי לפרות בו הזרע ולאסוף רוב תבואות, כן עושים הרשעים את הגאוה ניר בלבבם וזורעים בו המחשבות הרעות להוליד ולהצמיח העבירות שהם פרי מחשבותם, ועל דרך המשל כמו שאמר הנביא [הושע י ד] - ופרח כראש משפט וגו'. ומה

שאמר חטאת, פירושו - ניר רשעים ניר חטאת, וכול חטאים רבים כמו [ירמיהו יז א] - חטאת יהודה. או יהיה פירושו וחטאת, כמו [חבקוק ג יא] - שמש ירח. והטעם מלבד כי הגאוה גורמת חטאים, המידה עצמה חטאת, כמו שנאמר [משלי טז ה] - תועבת הוי"ה כל גבה לב. ובעל גאוה נמסר ביד יצרו, כי אין עזר השם עמו, אחרי אשר הוא תועבת השם.

**כח.** ועוד חייב בעל התשובה להיכנע ולקיים עליו להתנהג על הדרך שאמרו רבותינו זיכרונם לברכה [פרקי אבות ד י] - והוי שפל רוח בפני כל אדם. וישיג מזה שלא יכעס ולא יקפיד על חבריו, וגם לכל הדברים אשר ישמע אל ייתן לבו, ולהעביר על מידותיו ומעבירין מזה, להתכפר על עונותיו, כמו שאמרו רבותינו זיכרונם לברכה [ראש השנה יז א] - המעביר על מדותיו מעבירים לו על כל פשעיו. מידה כנגד מידה, וזה פתח תקוה נכבד מאוד ונאמר [איכה ג כט-ל] -יתן בעפר פיהו אולי יש תקוה, ייתן למכהו לחי ישבע בחרפה.

**כט. העיקר השמיני** - ההכנעה במעשה, שיתנהג במענה רך כעניין שנאמר [משלי ט א] - מענה רך ישיב חמה. ובקול נמוך כי זה מדרך השפלות, שכמו שנאמר [ישעיהו כט ד] - ושפלת מארץ תדברי ומעפר תשח אמרתך. בהפך ממה שנאמר על העשיר בעל הגאוה [משלי יח כג] - ועשיר יענה עזות ולא יתעסק בבנוי המלבושים והתכשיטין. כמו שנאמר [שמות לג ה] - ועתה הורד עדיך מעליך. ונאמר באחאב [מלכים-א כא כז] - ויצום וישכב בשק ויהלך אט. ואמר השם יתברך על זה הראית כי נכנע אחאב, ועניין ויהלך אט, בהפך מדרך המלכים שהם מהלכים ברב חיל וקול המולה, ויהיו תמיד עיניו שחות, כעניין שנאמר [איוב כב כט] - ושח עינים יושיע. וסימני ההכנעה כמו מענה רך וקול הנמוך, ושחות העין יזכירוהו להכניע את לבו:

**ל. העיקר התשיעי** - שבירת התאווה הגשמית, ישיב אל לבו כי התאווה עוללה לנפשו לחטוא ולמשוך העוון בחבלי השווא.

ויעשה נדר לשמור את דרך התשובה, יפרוש מן התענוגים, ולא ימשך אחר תאוותו גם בדברים המותרים, ויתנהג בדרכי הפרישות, ולא יאכל רק לשובע נפשו וקיום גופו, כעניין שנאמר [משלי יג כה] - צדיק אוכל לשובע נפשו. ואל ייגש אל אישה רק לקיים מצות פריה ורביה, או למצות עונה, כי כל זמן שהאדם הולך אחר התאווה, נמשך אחרי תולדות החומר, וירחק מדרך הנפש המשכלת, ואז יתגבר יצרו עליו, כעניין שנאמר [דברים לב טו] - וישמן ישורון ויבעט. ונאמר [דברים ח יב] - פן תאכל ושבעת וגו', ורם לבבך. ונאמר [משלי ל ט] - פן אשבע וכחשתי. ואמרו ז"ל [סנהדרין קז א] - אבר קטן יש באדם משביעו רעב מרעיבו שבע:

**לא.** והנה התאווה הנתונה בלב אדם שורש כל הפעולות, לכן אם יתקן התאווה, תחת אשר כל האיברים ישרותה ימשכם אחרי השכל, וילוו עליו וישרתוהו, יכשרו כל הפעלים, שנאמר [משלי כא ח] - וזך ישר פעלו. ונאמר [משלי יג יט] - תאווה נהיה תערב לנפש. נהיה כמו נשברה מלשון [דניאל ח כז] - נהייתי ונחליתי. אמר כי כאשר ישבר אדם תאוותו גם בדברים המותרים, בזה תצליח הנפש, והמידה הזאת תערב לה, כי ירים השכל ידו וגבר, ותועבת כסילים סור מרע, הכסילים אשר אינם שוברים תאוותם, ורודפים תמיד תענוגות בני האדם, כי תפגע תאוותם בדרך חטא וכל דבר רע, לא יסורו ממנו, ונקראו כסילים על רדיפת התענוגים כמו שנאמר [משלי כא כ] - וכסיל אדם יבלענו. ונאמר [ישעיהו ה יא-יב] - הוי משכימי בבקר שכר ירדפו וגו', והיה כינור ונבל וגו', ואת פעל הוי"ה לא יביטו וגו'. ונאמר [משלי יג כה] - ובטן רשעים תחסר. ונאמר [מלאכי ב ג] - וזריתי פרש על פניכם פרש חגיכם. ואמרו רבותינו זיכרונם לברכה [שבת קנא ב] - אלו בני אדם שכל ימיהם כחגים. ויאמר [משלי יח א] - לתאווה יבקש נפרד בכל תושיה יתגלע. פירושו - מי שמבקש ללכת אחר תאוותו ורצונו, נפרד מכל חבר ועמית, כי ירחקו ממנו אוהב וריע, כי תאוות בני אדם ומדותם חלוקות, אין רצונו של זה כרצונו של זה, אכן אם ילך בדרך השכל אז יתחברו לו החברים, ויהיו אוהביו רבים, ואמרו במוסר, מי שהוא רוצה את מידותיו

רבו הקופצים עליו, ויש לפרש על העניין הזה בעצמו לתאווה יבקש נפרד, איש נפרד מכל אח וחבר לתאווה הוא מבקש, ובעבור שמבקש ללכת אחרי רצונו, למען זאת מרעהו רחקו ממנו, כעניין [משלי יט ד] - ודל מרעהו יפרד. [משלי יח א] - בכל תושיה יתגלע. ההולך אחר תאוותו לא בדבר אחד יחטא בלבד, אך בכל זאת שבתורה יתגלע כי יעבור על כולנה, מלשון [משלי כ ג] - וכל אויל יתגלע:

**לב.** ועוד תמצא לו תועלת בשברו התאווה הגשמית, כי אם תשאלנו תאוותו דבר בליעל ועבירה, ידבר אל לבו, הן בהיתר לא אמלא תאוותי, ואיך אשלח ידי באיסור:

**לג.** ועוד תמצא בשבירת התאווה תועלת רבה ועצומה, כי יגלה בצדק לבו וטוב חפצו לתשובה, כי הוא מואס הטבע אשר גרם לו חטא, ובזה יתרצה אל השם יתברך וימצא חן בעיניו, וכן כתוב [תהלים נא יט] - זבחי אלהי"ם רוח נשברה לב נשבר ונדכה אלהי"ם לא תבזה. רוח נשברה הוא הרוח הנמוכה והנכנעת, ולב נשבר על שבירת התאווה הגשמית, כי התאווה נתונה בלב, כמו שנאמר [תהלים כא ג] - תאות לבו נתת לו. ובמזמור התשובה נאמר המקרא הזה, ובאמרו לב נשבר ונדכה אלהי"ם לא תבזה, למדנו מזה כי בעל התשובה מתרצה אל השם בשבירת התאווה הגשמית, וכי זה מעיקרי התשובה ועוד נאמר בעניין התשובה [ישעיהו נז טו] - להחיות רוח שפלים ולהחיות לב נדכאים:

**לד.** ואמרו רבותינו זיכרונם לברכה [פרקי אבות ה יט] - כל מי שיש בו שלש מדות הללו, מתלמידיו של אברהם אבינו - עין טובה, ורוח נמוכה, ונפש שפלה. עניין נפש שפלה, שאינו הולך אחר התאווה הגשמית גם בדברים המותרים, כמו שמציינו שאמר אברהם [בראשית יב יא] - הנה נא ידעתי כי אשה יפת מראה את. שלא נסתכל בה עד היום ההוא להתבונן על תכונת יפיה. ואמרו רבותינו זיכרונם לברכה [תלמוד ירושלמי סנהדרין יא א] - במה שכתוב [שמואל-ב כ ג] - ותהיין צרורות עד יום מותן אלמנות חיות, בכל

יום היה דוד מצוה להיטיב את ראשן ונותן תמרוקים לקשטן. כדי להציק לתאוותו ולהכניעה, באשר יכבוש יצרו מהן, למען יתכפר לו על דבר בת שבע:

**לה. העיקר העשירי** - להיטיב פעליו בדבר אשר זדה עליו, אם הסתכל בעריות, יתנהג בשחות העיניים, אם חטא בלשון הרע יעסוק בתורה, ובכל האיברים אשר חטא ישתדל לקיים בהם המצות, וכן אמרו רבותינו ז"ל הצדיקים באותו דבר שחוטאים בו מתרצים, עוד אמרו [ויקרא רבה כא ה] - אם עשית חבילות של עבירות, עשה כנגדן חבילות של מצות. רגלים ממהרות לרוץ לרעה, יהיו רצים לדבר מצוה, לשון שקר, אמת יהגה חכו ופיו יפתח בחכמה ותורת חסד על לשונו, ידים שופכות דם, פתוח יפתח את ידו לאחיו לענייו, עיניים רמות, יהי דכא ושח עיניים, לב חורש מחשבות און, בליבו יצפון אמרי התורה ויהי הגות לבו תבונות, משלח מדנים בין אחים, יבקש שלום וירדפהו:

**לו. העיקר הי"א** - חפוש דרכיו, כעניין שנאמר [איכה ג מ] - נחפשה דרכינו ונחקורה ונשובה עד הוי"ה. ויעשה כן לשלושה דברים:

**האחד** - למען יזכור כל הדברים שחטא עליהם ויתוודה על כולן, כי הווידוי מעיקרי הכפרה.

**והשני** - למען ידע כמה לו עונות וחטאות ויוסיף להיכנע.

**והשלישי** - כי אף על פי שהוא מקבל עליו לעזוב כל חטא.

צריך שידע הדברים שחטא עליהם. כדי לעשות בהם גדרים, ולהישמר מאד לנפשו בהן ממארב היצר כי נפשו עלולה בהם, אחרי אשר נקלו בעיניו ושלט יצרו בהם, והנה נפשו חולה מהמעשים ההם והחולה כאשר יחל להבריא צריך להיזהר מהרבה עניינים שלא יחזירוהו לחליו:

**לז. העיקר הי"ב** - צריך שיחקור וידע ויכיר גודל העונש לכל אחד מעונותיו, באיזה מהן יש מלקות, ובאיזה יש חייבי כריתות ובאיזה יש חייבי מיתות בית דין, למען ידע גדול עונו בהתוודותו, וימרר בבכי על אשר הכעיס תמרורים, ולמען יוסיף להיכנע, ולמען יפחד מעונותיו, כי העבירות החמורות, תשובה תולה כפרתן ויסורים ממרקין, וכן כתוב [ירמיה ב כג] - ראי דרכך בגיא דעי מה עשית. ויתבאר העיקר הזה בשער השלישי:

**לח. העיקר הי"ג** - להיות העבירות הקלות חמורות בעיניו, לארבעה פנים:

**האחד** - כי אין לו להביט לקטנות העבירה, אבל יביט לגדולת מי שהזהיר עליה.

**והשני** - כי היצר שולט בעבירות הקלות, ואולי תהיה זאת סיבה להתמיד בהן ואז יחשבו גם הם כחמורות בהצטרף עונש כל פעם, ומשלו על זה מחוט של משי שהוא נרפה וחלוש, וכאשר יכפלו אותה כפלים רבים יעשה עבות חזקה.

**והשלישי** - כי בהתמידתו על העבירה נעשית לו כהיתר, ויפרוק עולה מעליו, ולא ישתמר ממנה, ויחשב עם פורקי עול, וכופרים לדבר אחד.

**והרביעי** - כי אם נצחו היצר בדבר קטן, ינצחהו מחר בדבר גדול, כמו שאמרו רבותינו זיכרונם לברכה [שבת קה ב] - כל המשבר כלים בחמתו יהי בעיניך כאלו עובד אלילים. [נידה יג ב] - שכך דרכו של יצר הרע היום אומר לו כך למחר אומר לו לך עבוד אליל. ונאמר [בראשית ד ז] - הלא אם תיטיב שאת וגו'. פירושו - למה נפלו פניך, הלא אם תיטיב מעשיך ותשוב אלי שאת, פירושו - תשא פניך, מלשון [איוב יא טו] - כי אז תשא פניך ממום. ויש לפרשו מלשון סליחה, ואם לא תיטיב [בראשית ד ז] - לפתח

חטאת רובץ. ואם לא תשוב מאשר חטאת, לא העוון אשר בידך לבדו ילין אתך, כי היצר רובץ לפתח להחטיא אותך בכל אשר תלך, ונוצח אותך תמיד אחרי אשר נצח אותך ויקוש לך, וגם נלכדת ולא שבת, ואליך תשוקתו, להדיחך, ואורב לך בכל עת, ואתה תמשל בו, אם תרצה להתגבר עליו, על כן תיענש, על החטא אחרי אשר נתתי לפניך היכולת לכבוש את יצרך:

**לט.** ואמר שלמה המלך עליו השלום [משלי יג יג] - **בז לדבר יחבל לו ויירא מצוה הוא ישולם.** אמר זה על הבז לעבירות הקלות, כי יחבול לו מן הפנים אשר זכרנו, ויירא מצוה שהוא ירא לבטל מצוה כאשר יירא מעבירה חמורה, הוא ישולם, הוא מתעתד אל הגמול השלם, ואמרו רבותינו זיכרונם לברכה [פרקי אבות ב א] - הוי זהיר במצוה קלה כבמצוה חמורה. ועוד אמרו שהמצוה גוררת מצוה ועבירה גוררת עבירה, ששכר מצוה מצוה ושכר עבירה עבירה:

**מ. העיקר הי"ד** - הווידוי, שנאמר [ויקרא ה ה] - **והתורה אשר חטא עליה.** ויש עליו להזכיר עונותיו ועונות אבותיו כי היה נענש עליהן באחזו מעשי אבותיו בידו. וכן כתוב [ויקרא כו מ] - **והתודו את עונם ואת עון אבותם:**

**מא. העיקר הט"ו** - התפלה, יתפלל אל השם ויבקש רחמים לכפר את כל עונותיו, שנאמר [הושע יד ג] - **קחו עמכם דברים ושובו אל הוי"ה אמרו אליו כל תשא עון וקח טוב ונשלמה פרים שפתינו.** זה עניין הווידוי, אמרו אליו כל תשא עוון וקח טוב, זה עניין התפלה, ופירושו - וקח טוב מעשה הטוב שעשינו, כי אמרו ז"ל עבירה מכבה מצוה, ובעת התשובה יתכפרו העונות ותתעורר זכות המצוה ויאיר נרה, אחרי אשר לא הגיה אורו לפני התשובה, וכן כתיב [איוב ח ו] - **אם זך וישר אתה כי עתה יעיר עליך ושלם נות צדקך.** אמרו רבותינו זיכרונם לברכה [בראשית רבה עט ג] - אם זך וישר היית לא נאמר, אלא אם זך וישר אתה, שעשית תשובה,

כי עתה יעיר עליך, עתה אחרי התשובה שעשית, יעיר עליך כל הצדקות שעשית מלפנים ואשר היה ביתך פתוח לרוחה, ונטעת אשל אכסניא, כמו שכתוב [איוב לא לב] - דלתי לאורח אפתח וקודם התשובה לא היו צדקותיך מגינות עליך. ואחרי שובך וסר עונך, יעיר זכותך ושלם נות צדקך, ונשלמה פרים שפתינו, יחשוב וידויינו כחטאת פרים לרצון לנו לפניך, והזכיר פרים כי חטאת פר היה פנימי והיו מזין מדמו על הפרוכת ועל מזבח הזהב:

**מב.** ועוד יתפלל בעל התשובה לאל השם, למחות כעב פשעיו וכענן חטאתיו, ושיחפוץ בו וירצהו וייעתר לו כאשר אם לא חטא, כעניין שכתבו בדברי אליהוא על בעל התשובה אחרי היסורין [איוב לג כו] - יעתר אל אלוה וירצהו. כי יתכן להיות העוון נסלח ונפדה מכל היסורין ומכל גזירה, ואין לשם חפץ בו, ומנחה לא ירצה מידו, והתאוות הצדיקים מן ההצלחות להפיק רצון מהשם ושיחפוץ בהם, ורצונו החיים הקיימים והאמיתיים והאור הגדול הכולל כל הנעימות, כעניין שנאמר [תהלים ל ו] - חיים ברצונו. ונאמר [תהלים פ כ] - הוי"ה אלהי"ם צבאו"ת האר פניך ונושעה. ואמרו רבותינו זיכרונם לברכה - אין לנו אלא הארת פניך, והוא עניין הרצון וכבר הקדמנו ובארנו זה, על כן תראה בתפלת דוד בעת התשובה, אחרי שאמר [תהלים נא ד] - הרב כבסני מעוני ומחטאתי טהרני. התפלל עוד על הרצון להיות רצון השם יתברך בו כקודם החטא, ואמר [תהלים נא יג] - אל תשליכני מלפניך ורוח קדשך אל תקח ממני. אחרי כן התפלל ואמר [תהלים נא יד] - השיבה לי ששון ישעך. שיהיה נסי השם וישעו מצויים אתו ושתצלח עליו רוח אלהי"ם כאשר בתחילה, ואחרי כן אמר [תהלים נא יד] - ורוח נדיבה תסמכני. פירושו - הנה קטונתי מפני פשעי ואיני ראוי לנסיך ולהגלות עלי זרוע קדשיך, ואם נשאת עון חטאתי, איני כדאי להיות נאהב ורצוי כירחי קדם, אבל ברוח נדיבה תסמכני כי אין קץ לנדבך וטובתך ובא ורו"ח בחסרון בי"ת, כמו [בראשית כז לז] - ודגן ותירוש סמכתיו. ובעניין הזה אמר הושע עליו השלום [הושע יד ה] - ארפא משובתם אוהבם נדבה. עניין אוהבם נדבה כעניין מה שאמר דוד - ורוח נדיבה תסמכני:

**מג.** ועוד יתפלל בעל התשובה אל הוי"ה תמיד ושיעזרהו אל התשובה, כמו שנאמר [ירמיהו לא יז] - השיבני ואשובה כי אתה הוי"ה אלה"י:

**מד. העיקר הט"ז** - תיקון המעוות באשר יוכל לתקן, כעניין שנאמר [יונה ג י] - וירא אלהי"ם את מעשיהם כי שבו מדרכם הרעה. ונאמר [יונה ג ח] - וישובו איש מדרכו הרע ומן החמס אשר בכפיהם. כי בדברים שבין אדם לחבירו כמו הגזל והחמס, לא יתכפר עונו עד אשר ישיב את הגזלה, וכן אם ציער את חבירו והציק לו, או הלבין פניו, או סיפר עליו לשון הרע, אין לו כפרה עד שיבקש ממנו מחילה, וכן אמרו רבותינו זיכרונם לברכה כי אף על פי שנתן לו דמי בושתו ודמי צער ההכאה, אין צער הבושה וההכאה נמחל לו עד שיבקש ממנו מחילה, שנאמר [בראשית כ ז] - ועתה השבת אשת האיש כי נביא הוא ויתפלל בעדך וחיה:

**מה.** וראוי לבעל התשובה לעשות כן קודם הווידוי כדי שיתרצה בוידויו, ודוד המלך עליו השלום בעת התשובה כן עשה קודם הווידוי, שנאמר [תהלים נא ו] לך לבדך חטאתי והרע בעיניך עשיתי למען תצדק בדברך תזכה בשפטך. פירוש לך לבדך אני נחשב חטא ואינני צריך זולתי למחילתך, ואם חטאתי לאיש כבר בקשתי מחילה ממנו, וכפרתי פניו, וכמוהו [בראשית מד לב] - וחטאתי לאבי כל הימים. על החטא הזה אחשב חוטא כל הימים אצל אבי, כי לזאת לא יסלח לי, ותרגומו ואהא חטא לאבא, או יהיה פירוש לך לבדך חטאתי, לא חטאתי לאיש ולא העתרתי דברי עליו, ולא לקחתי מיד איש מאומה שאצטרך למחילתו ולהשיב את גזלתו, ואין כפרתי תלויה אלא בסליחתך, למען תצדק בדברך תזכה בשפטך, כדי להראות לעמים צדקתך, וגודל סליחתך, ביום דברך ודינך בעת שפטך אותי, ולשון למען, כי גדול החטא, סיבה להיוודע גודל הצדקה בסליחתו, על כן ימשול הדבר, כאלו היה ראשית חטאת, למען יגלה חסד השם, וצדקתו ובסליחתו ביום שפטו, וכמוהו [הושע ח ד] - כספם וזהבם עשו להם עצבים למען יכרת. כי עשיית העצבים סיבת הכרת כספם וזהבם, המשיל

הדבר כאלו עשו העצבים למען יכרת, או יהיה פירושו, למען זה תצדק בדברך על הפקודה והשלום. ור"ל שהוא מצדיק עליו את דינו יתברך, וכן למען יכרת, למען זה יכרת:

**מו.** ועל הדרך הראשון פירשו רבותינו זיכרונם לברכה במדרש תהלים על זה - משל לרופא שראה את המכה, ואמר כמה המכה הזאת מכה רבה מאד, אמר החולה והלא אשר הוכיתי מכה נחלה, לא הייתה זאת, כי אם לבעבור הגלות צדקת רפואתך, ובעבור היראותך את כחך, ועוד נוסיף לקח על דבר העיקר הזה בשער הרביעי:

**מז. העיקר הי"ז** - לרדוף פעולת החסד והאמת, כעניין שנאמר [משלי טז ו] - בחסד ואמת יכופר עון וביראת הוי"ה סור מרע. ועתה התבונן בסוד המקרא הזה, כי האמנם אם החוטא לא שב אל הוי"ה, לא יתכפר עונו בפועל החסד, כמו שנאמר [דברים י יז] - אשר לא ישא פנים ולא יקח שוחד. ופירשו רבותינו זיכרונם לברכה לא יקח שוחד מצוה, למחול ולהעביר על העונות, ועוד אמרו [בבא קמא נ א] - כל האומר הקדוש ברוך הוא ותרן הוא יותרו חייו. אבל מאריך אפים, ואם לא ישמעו, יימדד פעולתם אל חיקם, אכן זה שאמר שלמה המלך עליו השלום [משלי טז ו] - בחסד ואמת יכופר עון. על בעל התשובה דיבר, כי יש עבירות שהתשובה ויום הכיפורים תולין, ויסורין ממרקין, כאשר יתבאר בשער הרביעי. והנה החסד יגן בעד החוטא וישמור עליו מן היסורין, בשגם הצל יציל מן המות, כמו שכתוב [משלי י ב] - וצדקה תציל ממות. ועוד יש עוון והוא עוון חלול השם, שהתשובה ויסורין תולין ומיתה ממרקת, כמו שנאמר [ישעיהו כב יד] - אם יכופר העון הזה לכם עד תמותון. והנה כאשר האדם משתדל לתמוך ביד האמת, ויעזור אחריו ויתעורר בדבריו, והופיע אורו לעיני בני עמו, ויחזק ידי אנשי האמת, ונשא ראשם, וכתות השקר ישפילם יגיעם עד עפר, הנה אלה דרכי קדוש הוי"ה, והוד והדר לאמונתו ועבודתו בעולם, ועוז ותפארת במקדש תורתו, על כן בהרבות פעליו לקדש את הוי"ה ולעורר

האמת להכין אותו ולסעדו, ונסלח לו מעון החלול עם התשובה בשומו האמת לעומת אשמת החלול, מידת תשובתו נגד מידת משובתו, זה ביאור בחסד ואמת יכופר עון:

**מח. העיקר הי"ח** - היות חטאתו נגדו תמיד, כי ראוי לנפש החוטאת לזכור ענינה תמיד ואל תשי, פירוש תשכח אותם לקץ ימים, ומלבבו לא חטפו עד בוא חליפתו, כעניין שנאמר [תהלים נא ה] - כי פשעי אני אדע וחטאתי נגדי תמיד. והעיקר הזה יתבאר בשער השלישי:

**מט. העיקר הי"ט** - עזיבת חטאו בהזדמן לו והוא בתוקף תאוותו, ואמרו רבותינו זיכרונם לברכה [יומא פו א] - איזהו בעל תשובה אשר תשובתו מגעת עד כסא הכבוד, כאשר נבחן ויצא נקי באותו פרק ובאותו מקום ובאותה אישה, רצונו לומר - כי הזדמן החטא לידו והוא בתוקף יצרו ואונו בשרירי בטנו כעת הראשון אשר חטא, וכבש יצרו, ונמלט מעון מיראת השם וגאון פחדו, ומי שלא נזדמן לידו בעניין הזה, יוסיף בנפשו יראת השם דבר יום ביומו, ככה כל הימים, וכאשר יחליף כח היראה די כבוש בכח הזה את יצרו ומסת משלו בעוצם התאווה, הלא בוחן לבות הוא יבין ונוצר נפשו הוא ידע, כי אם יבא לידי ניסיון ויגע לידו כעניין הראשון, יציל את נפשו מיד יצרו, והנה הוא לפני הוי"ה במדרגה העליונה מן התשובה, וזהו שאמר שלמה המלך עליו השלום [משלי טז ו] - בחסד ואמת יכופר עון וביראת הוי"ה סור מרע. פירושו - וביראת הוי"ה לסור מן הרע אם יזדמן לידו, ומלת סור מקור, ויעיד על הפירוש הזה מה שלא אמר וסור, ומה שנאמר [תהלים לד טו] - סור מרע ועשה טוב. [איוב א א] - ויירא אלהי"ם וסר מרע. עניינו שיסור מן הרע בהזדמן לידו כי לא יאמרו אמור סור מן המעשה בלתי לאשר יקרב לעשותו, ואמרו רבותינו זיכרונם לברכה במדרש [קידושין לט ב] - ישב ולא עבר עבירה נותנין לו שכר כעושה מצוה כגון שבא דבר עבירה לידו וניצול ממנו:

**נ. העיקר הכ'** - להשיב רבים מעון כאשר תשיג ידו, שנאמר

[יחזקאל יח ל] - **שובו והשיבו מכל פשעיכם.** למדנו כי זה מעיקרי התשובה, ונאמר [ויקרא יט יז] - **הוכיח תוכיח את עמיתך ולא תשא עליו חטא.** למדנו כי אם לא יוכיחנו ייענש על חטאיו, ודוד המלך עליו השלום אמר במזמור התשובה [תהלים נא טו] - **אלמדה פושעים דרכיך וחטאים אליך ישובו:**

**נא.** הנה השלמנו ביאור עקרי התשובה, ועתה שים על ליבך להתבונן בדברים המעכבים את התשובה, רצונו לומר - כי מי שפורק עולו ונכשל באחד מהם תמיד תשובתו קשה, אם כשלת באחד מהם תמיד חזק ואמץ לשפוך שיח והרבה תפלה ותחנון, ואזור חיל לקיים כל דבר עיקרי התשובה, ותוסיף לקח בהם מן הדרכים אשר יתבארו בשער הרביעי ותמצא חנינה ותינתן לרחמים:

**נב.** אזכיר לך מאשר דיברו רבותינו בזה. אמרו רבותינו זיכרונם לברכה כ"ד דברים מעכבים את התשובה. ואלו הן - רכילות, ולשון הרע, ובעל חימה, ובעל מחשבה רעה, והמתחבר לרשע, והרגיל בסעודה שאינה מספקת לבעליה, והמסתכל בעריות, והחולק עם גנב, והאומר אחטא ואשוב, והמתכבד בקלון חבירו, והפורש מן הציבור, והמבזה אבותיו, והמבזה רבותיו, והמקלל את הרבים, והמעכב את הרבים מעשות דבר מצוה, והמטה את חברו מדרך הטובה לדרך רעה, והמשתמש בעבוטו של עני, והמקבל שוחד על מנת להטות אחרים בדין, והמוצא אבידה ואינו מחזירה לבעליה, והרואה בנו בתרבות רעה ואינו מוחה בידו, והאוכל שוד עניים יתומים ואלמנות, והחולק על דברי חכמים, והחושד בכשרים, והשונא את התוכחות, והמלעיג על המצות:

# שערי תשובה

## רבינו יונה

### להורות הדרכים שיתעורר האדם לשוב אל ה'

### שער ב

**א.** דע כי דרכי הסיבות שיתעורר האדם בהם לשוב מדרכיו הרעים ששה, ובכל אחד מהם למדנו דעת את האדם איך יתחלק בחקר תבונתו, ויאזין עד תכונתו, ונעיר להם אוזן לשמוע, השכל וידוע, עיקרים יקרים, לכל חפציהם דרושים נחקרים, ויותר מהמה בני הזהר, לשוב בכל יום ונפשך לטהר, בלעדי תחזה סיבה מעוררת וילדי יום יקושון מחשבותיך, כי תזכור את בוראך, והיה לך זכרו למשיב נפש מדרכי תולדות גוש עפר, ובכן עריה תעור קשת מדע לישר הדורי טבעך, ומיראת השם ואהבתו והבושה מלפניו תוסיף מעלה תמיד, ותשקוד על ניקיון כפיך וכרות רעיוניים מורדים משרעפיך, והברו נושאי כלי נפשך, ובזכרה יוצרה תעדה עדיה ותכלול יפיה, כמו שכתוב [ישעיהו מה כה] - בהוי"ה יצדקו ויתהללו כל זרע ישראל. ותוסיף אומץ להעיר את רוחך בדרכי הסיבות הששה אשר יתבארו, ואשר לא השיג המעלה הזאת ייכנע לבבו הערל מדרך הסבות וראות רבות, ולפי מיעוט ההכרה מדרך הסבה המעוררת לב האדם לתשובה, וכפי נטותה אל דרך הרצון יודע ויבחן כי התשובה, מן הנפש החשובה:

**ב. הדרך הראשון** כאשר תמצאנה את האיש צרות, ישיב אל לבו ויאמר אין זה כי אם דרכיו ומעלליו אשר עשו אלה לו, וחטאיו עוללו לנפשו, וישוב אל הוי"ה וירחמהו, כעניין שנאמר [דברים לא יז] - ומצאוהו רעות רבות וצרות ואמר ביום ההוא הלא על כי אין אלה"י בקרבי מצאוני הרעות האלה. ותראה במנהג בשר ודם כי

יחטא לאיש, ובעת צרתו יתחרט וייכנע אליו מפני שהוא צריך לעזרתו, תהיה החרטה הזאת גרועה בעיני חבירו כעניין שאמר יפתח [שופטים יא ז] - ומדוע באתם אלי עתה כאשר צר לכם. ומחסדי השם יתברך שהוא מקבל התשובה מתוך הצרה ותהי לרצון לפניו, ויאהב נדבה את החוטא בשובו עדיו ביום תוכחה ומקרב צרה שנאמר [הושע יד ב-ג] - שובה ישראל עד הוי"ה אלהי"ך כי כשלת בעונך קחו עמכם דברים וגו' ארפא משובתם אוהבם נדבה. ונאמר [משלי ג יב] - כי את אשר יאהב הוי"ה יוכיח וכאב את בן ירצה. ואם לא ישוב האיש מדרכו הרעה ביום רעה והוכח במכאוב ולא שב עד המוכיחו יגדל עונו וייכפל ענשו, הלא תראה אם המלך מייסר מי את אשר חטא לו ולא יוסר יקשה מוסרו ויכביד עולו מאד, וכתוב [ויקרא כו יח] - ואם עד אלה לא תשמעו לי ויספתי ליסרה אתכם. ונאמר [איוב לו יג] - וחנפי לב ישימו אף לא ישועו כי אסרם. ואם לא ידע ולא יתבונן כי התלאות מצאוהו מפני חטאיו אך יאמר כאשר אמרו הפלשתים [שמואל-א ו ט] - כי לא ידו נגעה בנו מקרה הוא היה לנו. בזאת יהיה קצף עליו לפני הוי"ה ויגדל עוון הכת הזאת מחטאת הכת הראשונה. על כן כתוב בראשון על הכת הראשונה ויספתי ליסרה אתכם, וכתוב אחרי כן על הכת האחרת הנזכרת [ויקרא כו כא] - ואם תלכו עמי קרי ולא תאבו לשמוע לי וגו'. כי כל כת האחרונה בפרוש קשה מן הראשונה. ואחר כך כתוב שם [ויקרא כו כח] - ואם באלה לא תוסרו לי והלכתם עמי בקרי והלכתי אף אני עמכם בקרי. ואחרי כן כתוב [ויקרא כו כח] - ואם בזאת לא תשמעו לי והלכתם עמי בקרי והלכתי עמכם בחמת קרי. ופירושו - והלכתם עמי בקרי כי תאמרו מקרה הוא היה לנו, ואם אין האיש מכיר מעבדיו ואיננו יודע כי יש בידו עוון אשר חטא, עליו לפשפש במעשיו ולחפש דרכיו, כעניין שנאמר [איכה ג מ] - נחפשה דרכינו ונחקורה. ואם העלם יעלים עיניו ונואלו ונשאו רעיוניו מלשון הכתוב [ישעיהו יט יג] - נואלו שרי צוען ונשאו שרי נוף. ולא חפרו דרכיו, ולא ידע מעשה ידיו ואשר עשו אצבעותיו ויאמר לא חטאתי, חטאתו כבדה מאד כמו שנאמר [ירמיהו ב לה] - הנני נשפט אותך על אמרך לא חטאתי. ונאמר [ישעיהו מב כה] - ותלהטהו מסביב ולא ידע ותבער

בו ולא ישים על לב. ונאמר [משלי יט ג] - אולת אדם תסלף דרכו ועל הוי"ה יזעף לבו:

**ג.** ותדע ותשכיל כי מוסר השם יתברך לטובת האדם, כי אם חטא איש לפניו ויעש הרע בעיניו, מוסר השם עליו לשתי תועלות, האחד לכפר על חטאיו ולהעביר את עונו, כמו שנאמר [תהלים כה יח] - ראה עניי ועמלי ושא לכל חטאתי. ובתחלואי הגוף אשר חלה הוי"ה בו, ירפא חלי נפשו, כי העוון חלי הנפש, כמו שנאמר [תהלים מא ה] - רפאה נפשי כי חטאתי לך. ונאמר [ישעיהו לג כד] - ובל יאמר שכן חליתי העם היושב בה נשוא עון. והשנית להזכירו ולהשיבו מדרכיו הרעים, כמו שכתוב [צפניה ג ז] - אך תראי אותי תקחי מוסר. ואם לא קבל המוסר ולא נחת, מפני תוכחת, ולא מל עורלת לבבו, אוי לו ואוי לנפשו כי סבל יסורין ונשא את עונו, ולא נרצה עונו, אבל נכפל ענשו כאשר ביארנו:

**ד.** וכאשר יקבל האדם את מוסר השם וייטיב דרכיו ומעלליו, ראוי לו שישמח בייסוריו לפי שהועילוהו תועלות נשגבות, ויש לו להודות לשם יתעלה עליהם כמו כל שאר ההצלחות, שנאמר [תהלים קטז יג] - כוס ישועות אשא ובשם הוי"ה אקרא. ונאמר [תהלים קטז ג] - צרה ויגון אמצא ובשם הוי"ה אקרא. ואמרו רבותינו זיכרונם לברכה בספרי [ספרי דברים ואתחנן ו ה] - רבי אלעזר בן יעקב אומר כל זמן שהאדם שרוי בשלוה אין מתכפר לו מעונותיו כלום, ועל ידי היסורין הוא מתרצה למקום, שנאמר [משלי ג יב] - כי את אשר יאהב הוי"ה יוכיח וכאב את בן ירצה. פירושו - כאב את בן, כן ירצה הוי"ה את אשר הוכיח וקבל מוסרו וכדרך שהאב ירצה את בנו אחרי התוכחות, ויש לפרש עוד וכאב יוכיח את הבן אשר ירצה בו, ואינו מוכיח את הבנים אשר נואש מהם, ויודע שלא יועילם התוכחות, ונאמר על האנשים שאינם מכירים טובת התוכחה ותועלתה, כמו שכתוב [הושע ז יג] - ואנכי אפדם והמה דברו עלי כזבים, ונאמר [הושע ז טו] - ואני יסרתי חזקתי זרועותם ואלי יחשבו רע. ונאמר [הושע יא ג] - ואנכי תרגלתי לאפרים קחם על זרועותי ולא ידעו כי רפאתים:

**ה.** ויש על הבוטח בשם להוחיל במעוף צוקתו כי יהיה החשך סבת האורה. כמו שכתוב [מיכה ז ח] - אל תשמחי אויבתי לי כי נפלתי קמתי כי אשב בחשך הוי"ה אור לי. ואמרו רבותינו זיכרונם לברכה אלמלא נפלתי לא קמתי אלמלא ישבתי בחשך לא היה אור לי, וכל איש ואיש ביום צר לו ייתן לבו להבין ולהתענות עם התשובה והתפלה, כמו שהצבור חייבים לצום ולהתענות בעת צרתם כאשר תקנו חז"ל וזה צום נבחר ויום רצון, וכאשר יבוא מוסר השם יתברך על האיש אשר הוא זך וישר יהיה לניסיון ולהגדיל שכרו לעולם הבא, כמו שנאמר [דברים ח טז] - למען ענותך ולמען נסותך להטיבך באחריתך. ואמרו רבותינו זיכרונם לברכה פשפש במעשיו בעת צרתו וחפש וחקר ולא מצא חטא בידו הן הן יסורין של אהבה:

**ו.** ומעניין הדרך הזה אשר זכרנו, התשובה ביום המוות, בראות החוטא כי כלתה אליו הרעה ואבדה תקוותו, כמו שכתוב [משלי יא ז] - במות אדם רשע תאבד תקוה. והוא מתודה בעת ההיא ושב אל הוי"ה בלב שלם, וגם התשובה ההיא מועילה אף על פי שאינה משגת לתשובת השב בעוצם תומו, כאשר הקדמנו בשער הראשון.

**ז. הדרך השני** כאשר יבואו ימי הזקנה והגיעו ימי השיבה, ויכל כחו וימעט, וישח יצרו, גם יזכור קצו כי קרוב הוא ויבין לאחריתו וישוב אל הוי"ה וירחמהו, ואשר אינו חוזר בתשובה בבוא ימי הזקנה ייכפל ענשו ורבה משטמה עליו, כמו שאמרו רבותינו זיכרונם לברכה [פסחים קיג ב] - שלשה הקדוש ברוך הוא שונאן דל גאה ועשיר מכחש וזקן מנאף. ונאמר [הושע ז ט] - אכלו זרים כחו והוא לא ידע גם שיבה זרקה בו והוא לא ידע. ומן התמיהה והפליאה, כי יעמוד האדם בחצי ימיו ורואה כי הימים הולכים ודלים, ויחל הריסות הבניין, ויחסר המשג בטבעו ותראה בו היבשת, כעניין שנאמר [תהלים קב יב] - ימי כצל נטוי ואני כעשב איבש. איך טח מראות עיניו ומהשכיל לבבו, ולא יראה כי נוסע הוא אל המקום מקום בית עולמו, הלוך ונוסע יומם ולילה:

**ח.** ויש אנשים רבים ימנע מהם אור התשובה, כי הם זכאים וטהורים בעיניהם ולא יתעשתו על תיקון מעשיהם, כי דימו בנפשם שהם מתוקנים והם חטאים להוי"ה מאד, הלא כתוב [קהלת ז כ] - כי אדם אין צדיק בארץ אשר יעשה טוב ולא יחטא. והאנשים ההם מאשר הם בוזים לדבר עונות, לא ירגישו ולא יבינו למו, או הודע אליהם חטאתם ונשכח מלבם אחרי כן, והנם כמו החולה שאינו מרגיש בחוליו ולא יחשוב על הרפואה ויכבד חליו תמיד עד אשר לא יוכל להירפא, ופעמים תהיה נסבה לזאת מקוצר בינתם, כי לא יבאו לדרוש אלהי"ם ודעת דרכיו לא יחפצון, על כן לא ישקדו על דלתות חכמים ותלמידים, כעניין שנאמר [משלי טו יב] - לא יאהב לץ הוכח לו אל חכמים לא ילך:

**ט.** והנה אנשים צדיקים וישרים בלבותם, שאגה להם כלביא תמיד במחשבותם, וינהמו על חטאיהם כנהמת הים, ועל אשר קצור קצרה ידם מעבודת השם, כי על זה יפשע גבר והרבה אשמה כמו על העבירות החמורות, כעניין שאמרו רבותינו זיכרונם לברכה [איכה רבה פתיחתא ב] - ויתר הקדוש ברוך הוא על גילוי עריות כו' ולא ויתר לעון ביטול תורה. אף כי מלאו רע האנשים אשר עיקר מחשבותיהם ומעשיהם על חפצי גופם והבלי זמנם, ובסוד היראה אל תבא נפשם, ולהשתונן כליותם עליה אל תחד כבודם במשכיות לבבם וחדרם ומשכיותם לעתים מזומנים, ולא יתנו חלק לתורה בעסקיהם, ומקרב לבם אבד חשבון על נפשם, כי גוי אובד עצות המה, וכמה הם במדרגה תחתונה, ואמרו רבותינו זיכרונם לברכה [פרקי אבות ה כא] - בן ששים שנה לזקנה בן שבעים לשיבה בן שמונים לגבורה בן תשעים לשוח בן מאה כאלו מת ועבר ובטל מן העולם. והייתה כוונתם ז"ל בדברים האלה להזהיר על התשובה, ושיחשוב האדם על קצו בהגיעו לימי הזקנה, אם לא זכה לעשות כן בימי בחורותיו, ואחרי כי קרוב לבא עתו יעזוב חפצי הגוף ותאוותיו ויתקן נפשו, ובהגיע לימי השיבה יוסיף לגרש מליבו עניין העולם, ולפי מיעוט השנים הבאות ימעיט בעסק העולם ויתייחד תמיד להתבונן ביראת השם,

ולחשוב עם נפשו ולתקן מידותיו, ולבקש תורה ומצות, ומה שאמרו בן תשעים לשוח, הוא מלשון [תהלים קב א] ישפוך שיחו. [בראשית כד סג] - לשוח בשדה. כמו שפירשו רבותינו זיכרונם לברכה [ברכות כו ב] - יצחק תיקון תפלת המנחה שנאמר ויצא יצחק לשוח בשדה. כי אחרי שהגיע לתשעים ראוי לו להיות כל עסקו בתפלות ובתהלות השם ולשיח בנפלאותיו, ודיבר שלמה המלך עליו השלום בעניין ימי הזקנה שלא יתעצל האדם בהם מעבודת השם יתברך ואומר [קהלת יא ו] - בבקר זרע את זרעך ולערב אל תנח ידך כי אינך יודע איזה יכשר הזה או זה ואם שניהם כאחד טובים. המשיל ימי הילדות והשחרות לבקר וימי הזקנה לערב, והזרע דרך משל לבנים ותלמידים, כמו שאמרו רבותינו זיכרונם לברכה נשא אישה בילדותו יישא אישה בזקנותו העמיד תלמידים בילדותו יעמיד תלמידים בזקנותו, כי אולי יצליחו בני הזקונים בתורה ובמצות מבני הנעורים, וכן התלמידים אשר יעמיד בזקנותו אולי יצליחו מן הראשונים או יהיו כאחד טובים, אחרי כן אמר שם ומתוק האור וטוב לעיניים לראות את השמש, פירושו - חזר לדבר על ימי הזקנה שהמשיל אותם לערב, ומפני כי הזקן לא יטעם את אשר יאכל ואת אשר ישתה כדברי ברזילי הגילעדי, אמר כי יש לו לזקן ליהנות במאור השמש ואל תקצר נפשו עליו, כי קוצר נפש מונע את האדם ממלאכת שמים, ויערב לו האור כאשר יערכנו לעומת ימי החשך הבאים, כאשר יזכיר במקרא אשר למטה מזה שם כי אם שנים הרבה יחיה האדם בכולם ישמח ויזכור את ימי החשך כי הרבה יהיו כל שבא הבל, פירוש גם כי יזקין האדם מאוד אל יהיה על עצמו למשא, אך בכל שנותיו ישמח למען לא יאבד אחת משנותיו ולא ישבות מעבודת הבורא, ויזכור ימי החשך כי הרבה יהיו ואז לא יוכל לעבוד עבודה כעניין שנאמר [תהלים ו ו] - בשאול מי יודה לך, והצדיקים מתגברים בזקנותם ויאזרו חיל ויחליפו כח לעבודת השם כמו שאמרו רבותינו זיכרונם לברכה תלמידי חכמים כל זמן שמזקינין חכמה מתוספת בהם, ונאמר [תהלים צב טו] - עוד ינובון בשיבה דשנים ורעננים יהיו. והזכיר למעלה [תהלים צב יג-יד] - צדיק כתמר יפרח וגו', שתולים בבית הוי"ה וגו'. כי הצדיקים

שתולים בבית הוי"ה מנעוריהם וגדלים בבתי מדרשות מבחוריהם, כתמר שיפרח וכארז שגדל בלבנון, וכן אמרו רבותינו זיכרונם לברכה [בבא בתרא ח ב] - שתולים בבית הוי"ה אלו התינוקות. על דרך מה שכתוב [תהלים קמד יב] - אשר בנינו כנטיעים מגודלים בנעוריהם. ואמר אחרי כן בדבר זה אינם נמשלים לאילנות כי האילנות בהזקינם לא יתנו חילם והצדיקים ינובון בשיבה, עוד אמר דוד המלך עליו השלום [תהלים עא יח] - וגם עד זקנה ושיבה אלהי"ם אל תעזבני עד אגיד זרועך לדור לכל יבא גבורתך:

**י. הדרך השלישי** כאשר ישמע מוסר החכמים והמוכיחים יקשיב וישמע וייכנע ויחזור בתשובה, ויקבל בליבו כל דברי התוכחות ושלא יגרע דבר מדבריהם, והנה האיש הזה ברגע קטן יצא מאפלה לאור גדול, כי עת אשר יאזין ויסכית ולבבו יבין ושב ויקבל ביום שמעו דברי המוכיח, וקיים עליו להיותו עושה ככל אשר יורוהו תופשי התורה מן היום ההוא ומעלה להיזהר כאשר יזהירוהו יודעי בינה לעתים, עלתה בידו התשובה ונהפך לאיש אחר, ומעת אשר קבל כזאת במחשבתו וגמר עליו ככה בלבבו קנה לנפשו זכות ושכר על כל המצות והמוסרים ואשרי כי צדק נפשו בשעה קלה, וכן אמרו רבותינו זיכרונם לברכה [רש"י על שמות יב כח] - וילכו ויעשו בני ישראל, וכי מיד עשו והלא לא עשו עד י"ד לחדש, אלא כיון שקבלו עליהם לעשות מעלה עליהם הכתוב כאלו עשו מיד. ואמר באבות של רבי נתן [אבות דרבי נתן כב] - כל שמעשיו מרובים מחכמתו חכמתו מתקיימת שנאמר [שמות כד ז] - נעשה ונשמע. ביאור הדבר כי האיש אשר קבל על נפשו בלב נאמן לשמור ולעשות על פי התורה אשר יורוהו ועל המשפט אשר יאמרו לו היושבים על המשפט, יש בידו מן היום הזה שכר על כל המצות על אשר שמעה אזנו מדברי התורה ותבן להם, ועל הדברים אשר לא גלו אזנו עליהם עדנה, וצדק לבש וקנה זכות על הנגלות אליו ועל כל נעלם מעיניו, ואחרי זאת יום יום ידרוש וישקוד על דלתות מוכיחיו וישכיל מכל מלמדיו, ונמצא האיש הזה מעשיו מרובין מחכמתו כי לא ידע את הדבר

והנה שכרו אתו עליו וכעניין מה שאמרו ישראל בסיני נעשה ונשמע שהקדימו קבלת המעשה על נפשם לפני השמיעה, ובעניין אחר לא יתכן שיהיו מעשי האדם מרובין ממה שהוא יודע:

**יא.** ואשר לא יתעורר לקול המוכיחים ייכפל עונות כי הזהירוהו והקשה את לבו ולא נזהר, כמו שנאמר [משלי יז י-יא] - תחת גערה במבין מהכות כסיל מאה. אך מרי יבקש רע ומלאך אכזרי ישולח בו, פירוש האיש הרע לא ייכנע לקול המוכיחים אך יבקש להמרות, ותחת כי לא נחת מדברי המלאך המוכיח, מלאך אכזרי ישולח בו מידה כנגד מידה, כי המוכיחים נקראו מלאכים, שנאמר [דברי הימים-ב לו טז] - ויהיו מלעיבים במלאכי האלהי"ם ובוזים דבריו ומתעתעים בנביאיו. ועוד אמר שלמה המלך עליו השלום [משלי טו י] - מוסר רע לעוזב אורח שונא תוכח ימות. פירושו - אמת כי ראוי מוסר רע לעוזב אורח ועובר על דברי תורה, אכן יש תקוה כי יוסר וישוב מדרכו הרע, אך רע ממנו שונא תוכחות כי אין לו תקוה ותקנה במוסר רע אבל אחת דתו למות, כי העובר עבירה תתקפהו התאווה והיצר השיאו, ויתכן כי נפשו מרה לו על אשר לא עצר כח מפני יצרו, ואולי כיסוף לתוכחה ויקווה למוסר, אבל שונא התוכחות כבר נואש מנפשו, ושנאת התוכחה תהיה לו לעדה כי הוא שונא דברי השם יתברך:

**יב.** עוד אמר שלמה המלך עליו השלום [משלי טו ל-לא] - מאור עינים ישמח לב שמועה טובה תדשן עצם, אזן שומעת תוכחת חיים בקרב חכמים תלין. ויש לכל חכם לב לדעת כי לא יתכן שחבר שלמה המלך עליו השלום דברים בטלים כאלה חנם בתוך דברי המוסר ויראת הוי"ה, כשכבר העיד עליו הכתוב [מלכים-א ה יא] - ויחכם מכל האדם. אכן זה פשר הדבר, מאור עיניים ישמח לב, העין אבר נכבד מאד כי יראו בו את המאורות המשמחים את הלב, ונכבד ממנו האוזן כי ישמעו בו שמועה טובה המדשנת את העצם שאין בו הרגשה ולא ידושן במאור עיניים בלתי בתענוג יתר, וכן אמרו ז"ל כי האזן נכבד משאר האיברים, שאם סימא את עינו נותן לו דמי עינו, חרשו נותן לו דמי כולו, והן האדם

חייב לעבוד את השם יתברך באיבריו ויצוריו כלם כי לעבודתו יצרם, כמו שכתוב [משלי טז ד] - כל פעל הוי"ה למענהו. אף כי באיברים הנכבדים אשר יצר בו נתחייב לעבוד בהם את יוצרם, והעונש הגדול יתר מאד אם יפריעם ממעשה מצותיו ועבודה לא יעבוד בהם ולא כגמול עליהם השיב, כי הוי"ה הטיב עמו בחושיו הנכבדים טובה עצומה וכבוד והדר עטרו בהם, על כן הקדים להזכיר אחת ממעלות האוזן בעבור היראותך גודל חובת עבודתו, ובאר אחרי כן כי תהיה עבודת האוזן בשמוע אל התוכחות, ואמר אזן שומעת תוכחת חיים בקרב חכמים תלין, פירושו - ראוי לשכון בין החכמים, אחר אשר יקשיב בתוכחתם, ואמרו רבותינו זיכרונם לברכה [גמרא בבא קמא כז א] - נפל אדם מן הגג ונשברו איבריו צריך רטיה ותחבושת על כל אבר מאיבריו ועצם מעצמיו. והחוטא אשר חטא בכל איבריו ונחשב כאלו רבתה מכה באיבריו כלם מכף רגלו ועד קדקדו, שנאמר [ישעיהו א ו] - מכף רגל ועד ראש אין בו מתום. והנה הקדוש ברוך הוא מרפא כל איבריו ברטיה אחת והיא שמיעת האזן, שנאמר [ישעיהו נה ג] - הטו אזנכם ולכו אלי שמעו ותחי נפשכם:

**יג. הדרך הרביעית** בעת אשר יהגה האדם בתורת הוי"ה ויקרא בדברי הנביאים והכתובים, ויבין בנועם המוסרים ויראה האזהרות והעונשים, יחרד לדברים ויכין לבו להטיב דרכיו ומעלליו ויתרצה אל השם, כעניין שנאמר [ישעיהו סו ב] - ואל זה אביט אל עני ונכה רוח וחרד על דברי. וכן כתוב בעניין יאשיהו [מלכים-ב כב יא] - ויהי כשמוע המלך את דברי ספר התורה ויקרע את בגדיו. ובעניין עזרא נאמר [נחמיה ח ט] - כי בוכים כל העם בשמעם את דברי התורה. ואשר לא שת לבו אל דברי הוי"ה יכבד פשעו עליו, כעניין שנאמר [ירמיהו לו כד] -ולא פחדו ולא קרעו את בגדיהם. ואמרו רבותינו זיכרונם לברכה [ויקרא רבה לה ז] - כל הלומד ואינו מקיים נוח לו שנהפכה שליתו על פניו ולא יצא לאויר העולם. ונאמר [הושע ח יב] - אכתוב לו רובי תורתי כמו זר נחשבו. ונאמר [ירמיהו ח ח] - איכה תאמרו חכמים אנחנו ותורת הוי"ה אתנו אכן הנה לשקר עשה עט שקר סופרים:

**יד. הדרך החמשי** בעשרת ימי תשובה, הירא את דבר השם לבו יחיל בקרבו בדעתו שכל מעשיו בספר נכתבין, ובעת ההיא האלהי"ם יביא במשפט את כל מעשה על כל נעלם אם טוב ואם רע, כי האדם נדון בראש השנה וגזר דין שלו נחתם ביום הכיפורים, ובעת אשר ידע כי יביאו את דינו לפני מלך בשר ודם הלא יחרד חרדה גדולה וישית עצות בנפשו ובכל דרכי חריצות יחיש מפלט לו, ולא תעלה על רוחו לפנות על ימין או על שמאל ולהתעסק ביתר חפציו, ולא ישגיח לפתח ולשדד אדמתו ולא יפנה דרך כרמים, ולא יתרפה ביום צרה מהכין לב להינצל כצבי מיד, לכן מה נואלו היוצאים לפעלם ולעבודתם עדי ערב בימים הנוראים ימי הדין והמשפט ואינם יודעים מה יהיה משפטם, הלא לאחותם יהגה לבם ביום שידובר בה, שנאמר [שיר השירים ח ח] - מה נעשה לאחותינו ביום שידובר בה. וראוי לכל ירא אלהי"ם למעט בעסקיו להיות רעיוניו נחתים, ולקבוע ביום ובלילה עיתם ולהתבודד בחדריו ולחפש דרכיו לחקור, ולקדם אשמורות ולהתעסק בדרכי התשובה וכשרון המעשה, ולשפוך שיח ולשאת תפלה ורנה, ולהפיל תחנה, והעת עת רצון והתפלה נשמעת בו, כעניין שנאמר [ישעיהו מט ח] - בעת רצון עניתיך וביום ישועה עזרתיך. ואמרו רבותינו זיכרונם לברכה [ראש השנה יח א] - דרשו הוי"ה בהמצאו, אלו עשרה ימים שבין ראש השנה ליום הכיפורים. ומצות עשה מן התורה להעיר אדם את רוחו לחזור בתשובה ביום הכפורים, שנאמר [ויקרא טז ל] - מכל חטאתיכם לפי הוי"ה תטהרו. על כן הזהירנו הכתוב שנטהר לפני הוי"ה בתשובתנו, והוא יכפר עלינו ביום הזה לטהר אותנו:

**טו. הדרך השישי** כל עת יכון לקראת אלהי"ו, כי לא ידע האדם את עתו, על כן כליותיו ישתונן, ובצדקה יכונן, להשיב רוחו בטהרה אל האלהי"ם אשר נתנה, ויחפש דרכיו ומעלליו בכל יום, יפקדם לבקרים ולרגעים יבחנם, ואמרו רבותינו זיכרונם לברכה [שבת קנג א] - רבי אליעזר אומר שוב יום אחד לפני מיתתך אמרו לו תלמידיו רבינו וכי אדם יודע באיזה יום ימות אמר להם כל

שכן ישוב היום שמא ימות למחר ונמצאו כל ימיו בתשובה. ואומר [קהלת ט ח] - בכל עת יהיו בגדיך לבנים ושמן על ראשך אל יחסר. לובן הבגדים משל על נקיות הנפש בתשובה והשמן משל למעשים טובים ושם טוב, עוד אמרו רבותינו זיכרונם לברכה [קהלת רבה סדרא תליתאה א ח] - בעניין הזה משל לאשתו של מלח שהיתה מתקשטת ותשם בפוך עיניה ובעלה עובר אורחות ימים ותאמרנה לה השכנות הלא בעלך הלך בדרך למרחוק ועל מה זה לשוא תתיפי. אמרה להם בעלי מלח הוא אולי יהפך רוח ים וקל מהרה יבא וימצאני והנני מקושטת. ויש על האדם לשער בנפשו בהיותו שאנן ושלו. איך ידאג לבבו ויראה ורעד יבא בו ביום המות בהיותו נכון לעלות ליתן את החשבון. ואיך יתודה בעת מותו בלב נשבר. וככה יעשה כל הימים יתודה בלב נדכה ויהיה מורא שמים עליו:

**טז.** ויש על האדם לחדש לו בכל יום מצות אולי הגיע תור מותו, ולא יקיים המצות ההם, ואמרו רבותינו זיכרונם לברכה [קהלת רבה ג יח] - כל העושה מצוה אחת סמוך למיתתו, דומה שקיים את כל התורה, ולא היה חסר אלא אותו מצוה, וכל העושה עבירה אחת סמוך למיתתו דומה כאלו בטל את התורה:

**יז.** ויש אנשים אשר לא ירגישו בעניין המוות לעשות צידה לדרך ולתקן מעשיהם ולא יעלו על לבם יום מותם עד בואו, והם נמשלים כבהמות אשר לא ירגישו בעניין המוות עד יום הטביחה, כמו שנאמר [תהלים מט טו] - כצאן לשאול שתו מות ירעם וירדו בם ישרים לבקר וצורם לבלות שאול מזבול לו. פירושו - כצאן שתו נפשם לשאול כי לא ירגיש בעניין מותם עד בואו פתאום, מות ירעם, אין מות הרשעים כמות הבהמות מות הבהמות פעם אחת והרשעים מות ירעה בהם בכל יום, מלשון [מיכה ז יד] - ירעו בשן וגלעד ומעניין [איוב יח יג] - יאכל בדיו בכור מות. כי נפש הרשעים ההשחתה וההפסד ידבקו בה בכל עת עד אשר תשחת ותכלה ותאבד, וירדו בם ישרים לבקר, המשיל זמן תחיית המתים לבקר אשר יעיר בו האדם משנתו, וכעניין שנאמר [דניאל יב ב] -

ורבים מישני אדמת עפר יקיצו. כי אז ירדו הישרים ברשעים כמו שכתבו [מלאכי ג כא] - ועסותם רשעים יהיו אפר תחת כפות רגליכם, ואמרו רבותינו זיכרונם לברכה בעניין יום הדין לתחיית המתים [ראש השנה יז א] - לאחר שנים עשר חדש גופן כלה ונשמתן נשרפת ונעשין אפר תחת כפות רגלי הצדיקים שנאמר ועסותם רשעים וגו' וצורם לבלות שאול. צורם כמו צורתם וכן [הושע יג ב] - כתבונם עצבים. כתבונתם, ויקרא הנפש צורת האדם, ויש מן הדוברים על הנפש שאמרו בגדר הנפש שהיא צורת עיקרית. וביאור העניין כי נפש הרשע יבלה שאול אותה, והיא מזבול לו, כי הנפש מן העליונים מלשון [ישעיהו סג טו] - מזבול קדשך. והרשע סבב בחטאותיו ועולל לנפשו נפש היקרה והעליונה שהיא מזבול לו, לבלות אותה שאול מטה, וכמה קשה המוות למי שלא הפריד תאוות העולם מנפשו עד אשר יפרידנה המוות, ואמרו רבותינו זיכרונם לברכה במסכת דרך ארץ [אבות דרבי נתן לב] - רצונך שלא תמות, מות עד שלא תמות. ביאור העניין הרוצה שיהיה לו יום המוות לחיי עד ידבר אל לבו אחרי אשר סופו לעזוב את האדמה ולהניח חפצי הגוף ובאחריתו ישטמם ויטשם, יעזבם בחיים ולא ישתמש באדמה רק לעבודת הבורא יתעלה. ואז יהיה לו יום המוות לחיים שאין להם הפסק:

**יח.** ודע כי נפש הרשע אשר כל תאוותה לחפצי הגוף בחייו, ונפרדת תאוותה מעבודת הבורא ונבדלת משורשיה, תרד במותו למטה לארץ אל מקום תאוותה, ויהי תולדתה כטבע העפר לרדת ולא לעלות, אבל יעלוה למרום לדין ולמשפט, ולראות איך החליפה מרום בשאול, כאשר יעלו את האבן על יד כף הקלע ואחרי עלותה למרום תרד בטבעה למטה לארץ כאשר האבן חוזרת ונופלת לארץ אחרי הזריקה, שנאמר [שמואל-א כה כט] - והיתה נפש אדוני צרורה בצרור החיים את הוי"ה אלהי"ך ואת נפש אויביך יקלענה בתוך כף הקלע. ואמרו רבותינו זיכרונם לברכה במדרש קהלת [קהלת רבה ג כא] - אחת נשמתן של צדיקים ואחת נשמתן של רשעים כולם עולות למעלה ונידונין שם, נשמתן של צדיקים זוכות בדין ונגנזות תחת כסא הכבוד, ונשמתן

של רשעים, חוזרות ויורדות ומטרפות לארץ שנאמר ואת נפש אויביך יקלענה וגו'. ונאמר [משלי יא ז] - במות אדם רשע תאבד תקוה. כי לא תהיה תקוה לנפש הרשע לצאת מחשך לאור שנאמר על נפש הרשע [תהלים מט כ] - תבא עד דור אבותיו עד נצח לא יראו אור:

**יט.** הנה נתבאר כי נשמת הרשעים יורדת לשאול, משני מקראות שזכרנו ומדברי חז"ל, ועוד נאמר [משלי טו כד] - אורח חיים למעלה למשכיל למען סור משאול מטה. ועוד נאמר [קהלת ג כא] - מי יודע רוח בני האדם העולה היא למעלה ורוח הבהמה היורדת היא למטה לארץ. פירוש מי יכיר הצדיקים והרשעים בעולם הזה, כי יש רשעים אשר מעשיהם במחשך ולא יכירו בהם בני אדם, ויש צדיקים שייראו שמים בסתר, כעניין שנאמר [מיכה ו ח] - והצנע לכת. ויקרא לנפש הרשע נפש הבהמה מפני שנמשכת אחרי התאווה הגשמית כבהמה וכעניין שכתוב [יונה ד יא] - אשר לא ידע בין ימינו לשמאלו ובהמה רבה. ולנפש הצדיקים קרא רוח בני האדם וכעניין שנאמר [יחזקאל לד לא] - אדם אתם. וביאור לשון המקרא כן הוא, מי יודע רוח בני האדם והם הצדיקים, העולה היא למעלה כי יש הרבה צדיקים שאין אדם יכול לגזור עליהם בעולם הזה שהם צדיקים באמת וכי תעלה נפשם למרום, כעניין מה שנאמר [שמואל-א טז ז] - כי האדם יראה לעיניים והוי"ה יראה ללבב. וגם כי רבים מן הצדיקים הם יראי שמים בסתר ואין צדקתם מודעת, וכעניין שנאמר [מיכה ו ח] - והצנע לכת עם אלהי"ך. [קהלת ג כא] - ורוח הבהמה וגו'. גם יש רשעים רבים שאין אדם מכיר במעשיהם, כעניין שנאמר [ישעיהו כט טו] - והיה במחשך מעשיהם ויאמרו מי רואנו ומי יודענו. וכן פירשו ז"ל במדרש קהלת, כי רוח בני האדם אלו הצדיקים ורוח הבהמה אלו הרשעים, ולא יוכל איש לומר כי היה מסתפק על נשמת האדם אם תעלה למעלה, כי הנה כתוב [קהלת יב ז] - והרוח תשוב אל האלהי"ם אשר נתנה. ועוד איך יסתפק על רוח הבהמה אם יורדת למטה הלא רוח הבהמה מן הארץ ואיך תעלה, ונתבאר בתורה כי נשמת האדם עליונית, כי כתוב על נפש הבהמה כי היא מן הארץ,

שנאמר [בראשית א כד] - תוצא הארץ נפש חיה למינה. ועל נפש האדם כתוב [בראשית ב ז] - ויפח באפיו נשמת חיים. על כן תעלה נשמת האדם במות הגוף למעלה כי כל הדברים שבים אל שרשם, כעניין שנאמר [קהלת יב ז] - וישוב העפר על הארץ כשהיה והרוח תשוב אל האלהי"ם אשר נתנה. ונאמר על נשמת הצדיקים [זכריה ג ז] - ונתתי לך מהלכים בין העומדים האלה. פירושו - בין המלאכים שהם עומדים וקיימים, כמו שנאמר [תהלים קמח ו] - ויעמידם לעד לעולם. ונאמר [דניאל ז טז] - קרבת עד חד מן קאמיא. ואמרו ז"ל נפשותיהן של צדיקים גנוזות תחת כסא הכבוד, שנאמר [שמואל-א כה כט] - והיתה נפש אדוני צרורה בצרור החיים. וכל אנשי לבב יחשבו העולם הזה כמו דירת עראי ולא ישתמשו בו רק לעבודת הבורא יתברך ויכינו בו צדה לנפשם, כי אם שנים רבות יחיה האדם ואלו חיה אלף שנים פעמים, אחרי שיש מספר לשניו יכלה המספר וסופו כלא היה יהיה, ועולם הגמול אין לו תכלית, כעניין שנאמר [איוב טז כב] - כי שנות מספר יאתיו ואורח לא אשוב אהלך. אף כי ימי האדם כצל עובר כעניין שנאמר [תהלים צ י] - ימי שנותינו בהם שבעים שנה וגו'. ונאמר [תהלים קמד ד] - ימיו כצל עובר. ואמרו רבותינו זיכרונם לברכה [קהלת רבה א ב] - לא כצלו של אילן ולא כצלו של כותל אלא כצל עוף הפורח ועובר. רצונו לומר - כי חייב האדם להמשיל העולם הזה בלבבו כצל עוף הפורח וברגע קטן עובר, גם כי אין האדם יודע אם היום כאן ולמחר בקבר, ונמצא בהשתדלו וטרחו על יום מחר כי הוא מצטער על עולם שאינו שלו, ואמרו רבותינו זיכרונם לברכה אל תצר צרת מחר כי לא תדע מה יולד יום:

**כ.** ועיקר ספר קהלת חברו שלמה המלך עליו השלום למען ישים האדם על לבו כי העולם הבל הבלים ולא ישתמש בו זולתי לעבודת הבורא יתעלה, והודיע כוונתו בפתיחתו וחתימתו, כי פתח ואמר [קהלת א ב] - הבל הבלים אמר קהלת הבל הבלים הכל הבל. ואמרו רבותינו זיכרונם לברכה [קהלת רבה ג יא] - אלו אדם אחר היה אומר כן היינו אומרים אולי לא אסף שתי פרוטות מימיו על כן נחשב העולם הבל בעיניו. אכן שלמה המלך שנכתב עליו

[מלכים-א י כז] - ויתן המלך את הכסף בירושלים כאבנים. לו נאה לומר כי העולם הבל הבלים, וחתם ספרו ואמר [קהלת יב יג] - סוף דבר הכל נשמע את האלהי"ם ירא ואת מצותיו שמור כי זה כל האדם:

**כא.** ומי שחננו השם יתברך דעה ישוב אל לבו כי השם יתברך שלחו בעולם הזה לשמור משמרתו ותורתו וחוקותיו ומצותיו, ולא יפקח עיניו זולתי לעשות שליחותו, ולקץ הימים אם עשה שליחותו באמונה, ישוב ובא ברנה ושמחת עולם על ראשו, כעבד אשר שלחו המלך לעבר הים, שאין עיניו ולבו זולתי על דבר שליחותו עד שובו אל אדוניו, וכן אמר שלמה המלך עליו השלום [משלי כב כא] - להיות בהוי"ה מבטחך וגו', להודיעך קשט אמרי אמת להשיב אמרים אמת לשולחיך:

**כב.** ומן הדברים שאדם חייב לזכור בעבורם יום המות, כדי שלא יתבטל ואל תרפינה ידיו מעבודת השם יתברך, ותידר שנתו מעיניו לעמול בתורה, ולהתבונן ביראת הוי"ה ולתקן מידות נפשו, ולהשיג מעלות היראה והאהבה ולחשוב מחשבות איך יגדיל ויאדיר מצות להיות לנפשו סגולה ואוצר, כעניין שנאמר [משלי י ח] - חכם לב יקח מצות. כי ידע ויזכור שהימים קצרים כמו שאמרו רבותינו זיכרונם לברכה [פרקי אבות ב טו] - היום קצר והמלאכה מרובה והפועלים עצלים ובעל הבית דוחק:

**כג.** ומי שאינו זוכר יום המות תמיד דומה בעיניו שיש לו פנאי ומתון [נ"ל שהוא מלשון הוו מתונים בדין. ובברכות מתון מתון ארבע מאות זוזי שויה] להשיג חפצו, ואמרו רבותינו זיכרונם לברכה [פרקי אבות ד יז] - יפה שעה אחת בתשובה ומעשים טובים בעולם הזה מכל חיי העולם הבה, ויפה שעה אחת של קורת רוח בעולם הבה מכל חיי העולם הזה.

**כד.** וכן אמר שלמה המלך עליו השלום [קהלת ט ד] - כי מי אשר יחובר אל כל החיים יש בטחון כי לכלב חי הוא טוב מן האריה

המת. פירושו - שיבח חיי העולם הזה לעניין התשובה, ופעולת
המצוה, והשגת מעלות הנפש, והוא הבטחון הנמצא לאשר יחובר
אל החיים. ופירושו - כי לכלב החי כי האדם הפחות בחיים יכול
להוסיף מעלות בנפשו, מה שלא יכול לעשות כן החכם הצדיק
המת, ובמקום אחר ביזה וגינה העולם הזה לעניין השגת תענוגיו
וכבודו, ואמר [קהלת א ג] - מה יתרון לאדם בכל עמלו שיעמול
תחת השמש. עוד אמר [קהלת ד ב] - ושבח אני את המתים שכבר
מתו מן החיים אשר המה חיים עדנה:

**כה.** ואמרו רבותינו זיכרונם לברכה [פרקי אבות ג א] - הסתכל
בשלשה דברים ואין אתה בא לידי עבירה. **מאין באת,** מטיפה
סרוחה. **ולאן אתה הולך,** למקום רמה ותולעה. **ולפי מי אתה**
**עתיד ליתן את החשבון,** לפני מלך מלכי המלכים הקדוש ברוך
הוא. ביאור הדבר, כאשר תחשוב מאין באת תכניע נפשך ותשנא
הגאוה, וכאשר תזכור לאן אתה הולך תבזה העולם ותכיר כי
מותרו אין ולא תתעסק בו זולתי לעבודת הבורא יתברך, וכאשר
תשיב אל ליבך לפני מי אתה עתיד ליתן את החשבון יהי מורא
שמים עליך, ואמרו רבותינו זיכרונם לברכה [בראשית רבה ט ה] -
וירא אלהי"ם את כל אשר עשה והנה טוב מאוד, זה המוות. כי
גם המוות טוב להכניע הנפשות ולהיות חתת אלהי"ם על הלבבות
ולבלתי עשות העולם הזה עיקר, ויש אנשים שאינם נותנים פנאי
לנפשם לקבוע עתים להבין לאחריתם. מטרדתם בקנייני העולם,
כעניין שכתוב [איוב ד כא] - הלא נסע יתרם בם ימותו ולא בחכמה.
פירושו - הלא נסע יתרם ממונם מהם בנסיעתם, הנה כי אין לו
בהם תועלת, אבל אבד מהם טובה הרבה, כי גרם להם אשר ימותו
ולא בחכמה כי לא חכמו להבין לאחריתם ולתקן נפשם ולהכין
צידה לדרכם, כעניין שכתוב [דברים לב כט] - לו חכמו ישכילו זאת
יבינו לאחריתם:

**כו.** והנה נחתום העניין הזה במאמר נכבד אשר לחכמי ישראל
ז"ל, היה הלל עליו השלום אומר [פרקי אבות א יד] - אם אין אני לי
מי לי וכשאני לעצמי מה אני ואם לא עכשיו אימתי. ביאור הדבר,

שער ב

אם האדם לא יעורר נפשו מה יועילוהו המוסרים, כי אף על פי
שנכנסים בליבו ביום שמעו. ישכחם היצר ויעבירם מלבבו כעניין
שנאמר [הושע ו ד] - וחסדכם כענן בקר. ונאמר [משלי י כ] - כסף
נבחר לשון צדיק לב רשעים כמעט. פירושו, מוסר הצדיק זך בלי
סיג ולשונו נבחר, אבל לב הרשעים השומעים מוסרו רגע אחד
הוא, מלשון [תהלים פא טו] - כמעט אויביהם אכניע. ענינו כרגע
אויביהם אכניע, ויקרא לב הלב הנבון והמתוקן, כמו שנאמר
[משלי טו לב] - ושומע תוכחת קונה לב. [משלי יז טז] - לקנות חכמה
ולב אין. אכן צריך האדם בשמעו המוסר לעורר נפשו ולשום
הדברים אל לבו ולחשוב בהם תמיד, ועליהם יוסיף לקח ומליבו
יוציא מילין, ויתבודד בחדרי רוחו וישוב יהפוך יד תוכחתו על
נפשו, ולא יסמוך על תוכחת המוכיח לבדו, ותוכחתו לבקרים
ולרגעים תהיה עד אשר תקבל נפשו המוסר, ועד אשר תטהר,
**וכשאנ"י לעצמ"י מ"ה אנ"י:** גם כשאני לי להשתדל לתקן
נפשי בכל כחי, ואני הוגה בחכמה בכל עת, מה אני, כי השגת
האדם קצרה ודלה, ועם הטורח והתיקון ישיג מעט מן המעלות,
ראה מי אנכי ומה חיי כשאין אני לעצמי להשתדל ולטרוח לתקן
נפשי, והמשל בזה מן השדה שהיא זיבורית, כי עם רב הטורח
בתיקונה ועם רב עבודה, תוציא זרע מעט, ואם לא יטרחו
בתיקונה לא תצמיח ולא יעלה בה כל עשב אבל קוץ ודרדר
תצמיח, רק השדה אשר היא עידית גם כי לא יטרח בעבודתה
ימצא בזריעתה תועלת, ואמר רבותינו זיכרונם לברכה בעניין
[אבות דרבי נתן טז] - מה שכתוב [תהלים קג יד] - כי הוא ידע יצרנו.
משל למלך שנתן שדה לעבדיו, והזהירם לעבדה ולשמרה ולהביא
לו ממנה שלשים כור בכל שנה והם טרחו בה ועבדו אותה היטב
והביאו ממנה לפני המלך חמשה כורים. אמר להם מה זאת
עשיתם אמרו לו אדונינו המלך שדה שנתת לנו זבורית היא
ואנחנו בכל כחנו עבדנו אותה. ועם כל הטורח לא עשתה את
התבואה יותר מזה השיעור. וא"ם ל"א עכשי"ו אימת"י. אין ראוי
לי לאחר יום או יומים השתדלותי בתקון נפשי ובקביעות עתים
לתורה. כי אם אומר אקוה לעת הפנאי ועד היות בידי כסף די

ספוקי. הנה טרדות העולם אינן פוסקות כמו שאמרו רבותינו זיכרונם לברכה אל תאמר לכשאפנה אשנה שמא לא תפנה:

**כז.** והשנית אחרי אשר יאסוף ויכנוס עוד יכסוף לאסוף, כמו שאמרו רבותינו זיכרונם לברכה [קהלת רבה א י] - אין אדם יוצא מן העולם וחצי תאוותו בידו, ויש בידו מנה ומתאווה לעשות מאתים, השיגה ידו מאתים, מתאווה לעשותם ארבע מאות, וכן כתיב [קהלת ה ט] - אוהב כסף לא ישבע כסף:

**כח.** והשלישית הזמן מתמעט והמלאכה מרובה, מלאכת התורה, ותיקון הנפש, והשגת המעלות כמו - האהבה, והיראה, והדביקות, כמו שאמרו זיכרונם לברכה [פרקי אבות ב טו] - היום קצר והמלאכה מרובה:

**כט.** הרביעית כאשר יאוחר תיקון נפשו, יקרהו עוון ויכשל בעבירות תמיד:

**ל.** החמישית באיחור תיקון הנפש היצר הולך ומתגבר, ויקשה עליו לתקן נפשו אחר כן, כמו שכתוב [משלי כד לא] - והנה עלה כלו קמשונים וגו'. ואמרו רבותינו זיכרונם לברכה [על פי עבודה זרה יז א] - כאשר היצר קשור בעבירה ידמה כעניין המינות ולא תשיג ידו לטהרתו, ואמרו במוסרים, ההרגל על כל דבר שלטון:

**לא.** הששית אולי לא ימשכו ימיו וימות טרם ישלים חוק התשובה, על כן הזהיר שלמה המלך עליו השלום [קהלת ט ח] - בכל עת יהיו בגדיך לבנים:

**לב.** השביעית בהתאחרו מן התשובה, יהיו עונותיו ישנים וישכח יגונם ולא ידאג להם כאשר בתחילה:

**לג.** השמינית בבואו בימים וייחלש כח היצר לא יקבל שכר על התשובה כאשר בתיקון לבבו בימי בחורותיו, ואמרו רבותינו

זיכרונם לברכה [עבודה זרה יט א] [תהלים קיב א] - אשרי איש ירא את הוי"ה. **בעודו איש**, ואמרו כאשר לא תמצא יד הגנב לגנוב יחזיק נפשו כאיש שלום:

**לד.** התשיעית בימי הזקנה, בהעדר כח ההרגשות איננו עוצר כח לחדש מסילות בלבבו, ולערוך מחשבות להילחם בהם ביצרו להשיג המעלות לטרוח ולעמול בתורה ובפעולות ובעולמות, כמו שכתוב [קהלת יב א] - וזכור את בוראך בימי בחורותיך עד אשר לא יבואו ימי הרעה והגיעו ימים אשר תאמר אין לי בהם חפץ. על כן ראוי לאדם להחיש מפלט לנפשו, כעניין שאמר [תהלים קיט ס] חשתי ולא התמהמתי לשמור מצותיך:

# שערי תשובה

## רבינו יונה

### נבאר חומר המצות והאזהרות וחלוקי העונשים

### שער ג

**א.** מפני שהוזהר בעל התשובה לחפש דרכיו, וכמה לו עונות וחטאות, ואחרי אשר תם חפש מחופש הוזהר לחקור גודל כל חטא מחטאיו כמו שנאמר [איכה ג מ] - נחפשה דרכינו ונחקורה. להודיע אליו כל חטאתו אשר חטא, כמה הגדיל לאשמה בה, כי יש אשמה עד לשמים גדולה, ויש רעה כנגד כמה חטאים גדולים שקולה, והתשובה הגדולה כפי היות גדולים חקרי לב כאלה, כי לדעתו, פירוש לפי ידיעתו, רב העוון וגדלו, נפשו ירעה לו, או אז ייכנע לבבם הערל ואז ירצו את עונם:

**ב.** ועוד תועיל חקירת עוצם העון לכסות כלימה פניו בשאלת המחילה, כעניין שנאמר [עזרא ט ו] - אלה"י בושתי ונכלמתי להרים אלה"י פני אליך. ולעטות בושה על נפשו לפני השם יתברך, אחרי הבטחון בסליחתו, כעניין שנאמר [יחזקאל יז סג] - למען תזכרי ובושת בכפרי לך לכל אשר עשית. ולהיות לנגד עיניו גדולת חסד הכפרה, כעניין שנאמר [תהלים כו ג] - כי חסדך לנגד עיני. והמשל בזה כי אם חטא העבד לאדוניו, ובא להיכנע לפניו, אין נפשו אל העבד בלתי אחרי ידיעתו כובד פשעו, ואם ידמה בנפשו כי החטא נקל יגדל הקצף עליו, לכן יתחייב החוטא להכיר עוצם החטא ועונשו, כעניין שנאמר [שמואל-א כו כא] - הנה הסיכלתי ואשגה הרבה מאד, על כן הוצרכנו ללמד לבני יהודה, לתורה לתעודה, חומר העונשים לכל עוון ולכל חטאת, על כן על כל דברי הקדמה הזאת, ועוד לתועלת נשגבה גדולה ובצורה, כי

ראה ראיתי רוב העם חושבים על כמה פשעים כבדים כי הם קלים, ועל חייבי מיתות וכריתות כי הזהירות בהם יתרון הכשר או מידת החסידות, ונכשלים מבלי משים ואין תוכחת, כעניין שנאמר [ישעיהו מח ח] - גם מאז לא פתחה אזנך. על כן הוצרכנו להזהירם ולגלות אזנם על חומר עבירות רבות, וכי יש במצות הקלות דרכים וצדדים רבים לכיליון חרוץ ואבדן הנפש, ורבים מן הרשעים יעזבו דרכם כי ידעו האבדן וההפסד אשר בה, בהגלות להם גודל החטא ואת אשר נגזר עליו, ונכשלים אזרו חיל לכבוש תאוותם, כי איככה יוכלו וראו באבדן נפשם:

**ג.** והמשל בזה לאדם החפץ ללכת אל עיר, ויאמר לו כי הדרך משובשת בצנים ופחים ואבני נגף, ולצורכו אל המקום ההוא לא יחדל מלכת, והיה כי יאמרו אליו כי שחל בדרך ונמר שוקד עליו אז יכלה רגליו מן הדרך ההיא, על כן אמר שלמה המלך עליו השלום [משלי א ב] - לדעת חכמה ומוסר להבין. פירושו - כשרון המעשה ועזיבת העבירות יקרא חכמה, כעניין שנאמר [דברים ד ו] - כי היא חכמתם ובינתכם. ואחר שילמד וידע המצות ומה הם העבירות צריך שילמד גנות העבירות, וההפסד והאבדן הנמצא בהם להרחיק נפשו מהם, ולהוכיח לעצמו בזיכרון העונשים ולייסר זולתו, וזאת הידיעה תקרא מוסר ולמוכיחים ינעם ללמוד לדעת זאת:

**ד.** עתה נבאר מעלות חומר המצות ואזהרות וחלוק העונשים: **המדרגה הראשונה** חומר דברי סופרים, נתחייבנו מן התורה לקבל תקנות הנביאים והשופטים, ולשמוע דברי חכמים ולהיזהר בגדריהם, שנאמר [דברים יז יג] - לא תסור מן הדבר אשר יגידו לך ימין ושמאל. וגם כי הוזהרנו מן התורה לקיים עלינו להיות עושים ככל אשר יורנו, אכן מצות עשה מן התורה חמורה מדבריהם, מפני שהוזכר עיקר הדבר בספר תורת האלהי"ם מפורש וצווה השם יתברך עליו בפרט, ויש דרכים וצדדים ימצאון שם דברי סופרים חמורים מדברי תורה, כאשר אמרו רבותינו זיכרונם לברכה חומר בדברי סופרים מדברי תורה,

שהאומר אין תפילין לעבור על דברי תורה פטור, חמש טוטפות להוסיף על דברי סופרים חייב, וכל העובר על דברי חכמים חייב:

**ה.** ועתה הלא לך לדעת מפני מה העובר על דברי חכמים חייב יותר מן העובר על מצות עשה ועל מצות לא תעשה, וזה פשר הדבר, כי העובר על דברי חכמים אשר מלאו לבו לעשות כן, כי תקל מצוותם בעיניו לא מהתגבר יצרו עליו, אבל כי תכהין עיניו מראות אור דבריהם ולא יהלך לנוגה האמונה, ולא משך בעול גזרתה, ולא יטרח לקיים מאמרם כי לא נכתב בספר התורה, ולא נהג כדרך העובר על דברי התורה אשר נפשו מרה לו ונקוט בפניו, ויירא וייצר לו כי ישיאהו יצרו לחטא, על כן משפט מות יהיה לאיש כי הפיל דבר מאחד מכל דבריו הטוב, דבריהם הטובים, והוא כאומר [תהלים ב ג] - ננתקה את מוסרותימו. ודומה למה שכתוב בעניין זקן הממרה את פי חכמים [דברים יז יב] - והאיש אשר יעשה בזדון לבלתי שמוע אל הכהן וגו':

**ו.** והשנית כי האיש ההוא רחוק מן התשובה, אחרי אשר אין הדבר חמור עליו כי ישנה באולתו תמיד, והחטא הקל ענשו יותר מן החמור בהיכשל בו החוטא פעמים רבות.

**ז.** עוד אמרו רבותינו זיכרונם לברכה [שיר השירים א ב] - כי טובים דודיך מיין. [שיר השירים רבה א ב] חביבים דברי סופרים יותר מיינה של תורה, ואנחנו צריכים לפרש גם את זה, ידוע תדע כי יראת ה' יסוד המצות שנאמר [דברים יב טו] - ועתה ישראל מה ה' אלהי"ך שואל מעמך כי אם ליראה את ה' אלהי"ך. ובזה ירצה ה' את ברואיו, כמו שנאמר [תהלים קמז יא] רוצה ה' את יריאיו. ותקנות חכמים וגדריהם יסוד לדרך היראה, כי יעשה גדר והרחקה פן תיגע יד אדם באיסור התורה, כבעל השדה אשר יעשה גדר לשדהו, מאשר יקר בעיניו כי ירא פן יכנסו בו בני אדם, [ישעיהו ז כה] - והיה למשלח שור ולמרמס שה. כעניין שנאמר [ויקרא יח ל] - ושמרתם את משמרתי. [יבמות כא א] - ועשו משמרת למשמרתי. ורב הזהירות והגדר והרחקה מן האיסור הלא זה מעיקרי המורא,

והמרבה להיזהר יגיע אל השכר הגדול, כענין שנאמר [תהלים יט יב] - גם עבדך נזהר בהם בשמרם עקב רב. על כן אמרו [עבודה זרה לה א] - חביבין דברי סופרים יותר מיינה של תורה. כי גדריהם וגזרותם מעיקרי היראה, ומצות היראה שכר הרבה כנגד מצות רבות כי היא היסוד להם, והדוגמא לדבר כי הנזהר מהתייחד עם אישה מפחדו פן יכשל בעוון וכאשר גזרו רבותינו זיכרונם לברכה, הלא זה מאשר זרח על נפשו אור יראת אלהי"ם יתברך:

**ח.** והנה הקדמנו לך בשער היראה, כי נתחייב אדם לראות בבנים ולהבין בהם ולהבדיל בין עיקש ופתלתול, ובין הישר הולך. לתועלת נשגבה אשר הודענוך, והנה כי תראה אנשים זוללים מזלזלים בנטילת ידים, וישבו לאכול לחם, ואינם מברכים לפני אכלם ואחר אכלם, וכהנה רבות דברי חכמים ותקנותם אשר פורצים גדרם, בזאת יבחנו, בזאת תדע ובחנת את דרכם כי הם רעים וחטאים לה' מאד ואחריתם עדי אובד, ועליהם אמרו כי העובר על דברי חכמים חייב. כי המעללים האלה לא יכריחם היצר עליהם. ולא תתקפם תולדות החומר והתאווה הגשמית לחוטא בהם, אין זה כי אם רוע לב ופירוק עול שמים מעל צווארם. והנה הם ככל המון כת הזדים האומרים לאל סור ממנו ודעת דרכיך לא חפצנו, גם הם רחוקים מדרך האמת, גם הכת אשר אינם נזהרים מגבינה של עובדי גלולים ובשולי עובדי גלולים, כי יקלו דברי חכמים בעינם, אף על פי שחוטאים למלא בטנם הנה בזו לדברי חכמים ושברו עול התורה והמורא, גם עליהם אמרו העובר על דברי חכמים חייב כאשר ביארנו.

**והשנית** כי אחרי שידעו כי עם הקודש נשמרים בכל אלה, הבדל הבדילו עצמם מעל עמנו ופרשו מדרכי צבור. ואמרו רבותינו זיכרונם לברכה כי [ראש השנה יז א] - הפורשים מדרכי צבור יורדין לגיהנם ונדונין שם לדורי דורות. ודע כי העובר על דברי חכמים, ענשו היה ביד בית דין להכותו מכות מרדות, כפי אשר עיני בית דין היו רואות לייסר ולענוש בעת ההיא, אם לפחות מארבעים או להוסיף להכותו על אלה:

**ט. המדרגה השניה** חומר מצות עשה, יסוד השכר ושורש הגמול חלף העבודה בקיום מצות עשה, כמו שנאמר [משלי יג יג] - וירא מצוה הוא ישולם. ונאמר [מלאכי ג יח] - ושבתם וראיתם בין עובד אלהי"ם לאשר לא עבדו. והעבודה היא במצות התלויות במעשה, בין שאין בהם זולתי מצות עשה בין יש עמהן לא תעשה, כגון שנאמר [דברים טו ז] - לא תאמץ את לבבך וגו'. ומצות העבודה תתבאר בשער העבודה בעזרת השם, אולם ימצא דרך בשכר הנזהר מעבור על מצות לא תעשה, אשר השג ישיג לשכר עושה מצוה כגון אם הזדמן דבר עבירה ליד האיש, והתאווה תאוה לדבר ערוה וכבש יצרו כי זה מעיקרי יראת השם יתברך, וכן מי שהזדמן לידו להתעשר באונאה ותרמית ואין רואה ואין יודע, והתהלך בתומו ובור כפיו, שכרו על זה כזורע לצדקה וטורח במצווה, וכן כתוב [תהלים קיט ג] - אף לא פעלו עולה בדרכיו הלכו. ואמרו רבותינו זיכרונם לברכה [מדרש תהלים קיט ג] - כיון שלא פעלו עולה בדרכיו הלכו. וכבר הקדמנו לך פירוש המקרא הזה, וכן אמרו רבותינו זיכרונם לברכה [קדושין לט ב] - ישב ולא עבר עבירה נותנין לו שכר כעושה מצוה. כגון שבא דבר עבירה לידו וניצול ממנו, ועוד אמרו [מלאכי ג טז] - ליראי ה' ולחושבי שמו. זה הבא דבר עבירה לידו וניצול ממנו, גם השכר הזה עקרו ויסודו מצות עשה שכבש יצרו ביראת אלהי"ם, כמו שנאמר [דברים י כ] - את ה' אלהי"ך תירא. ואמרו רבותינו ז"ל [פרקי אבות ב א] הוי זהיר במצוה קלה כבמצוה חמורה שאין אתה יודע מתן שכרן של מצות. והנה בתורה פורש מה יעשה לכל העובר על מצות, לא תעשה ויחלק עליהם עונשים ומשפטים ודת מה לעשות בהם, והעונשים מלקות ארבעים מיתה וכרת ביד שמים וארבע מיתות בין דין, ומתן שכרן על כל מצוה לא נתפרש בתורה כדי שלא יחדלו לקיים המצות הקלות, ויתעסקו בחמורות לבדנה:

**י.** ומשלו על זה מעניין המלך אשר אמר לעבדיו לנטוע בפרדסו כל עץ נחמד, ושכר אמר לתת להם ולא הודיעם שכר מטע כל אילן, כי חפץ המלך אשר לא יחסר כל בפרדסו, על כן יטעהו רב מינים נטעי נעימים, ואלו ידעו עבדיו שכר נטיעת כל עץ מעצי

הפרדס אז יתנו את כל עמלם בנצרי מטעיו אשר שכרם רב מן השאר להרבות השכר, כן עניין המצות, כי הואיל השם לזכות את ישראל בקיום כל המצות, להנחילם חיי עולם ולהיות כל המצות יחדיו [משלי א ט] - לוית חן לראשם. כי בהשלים חוק מלאכתם תהי משכורתם שלימה מעמו, הלא ידעת כי אמרו רבותינו זיכרונם לברכה [עבודה זרה יז ב] - כל העוסק בתורה בלבד דומה כמי שאין לו אלו"ה. אף על פי שאמרו [משנה פאה א א] - תלמוד תורה כנגד כולם. והמצווה הקלה שכרה גדול, והפלא אשר לא ימד ולא יספר, הלא תראה במצות שלוח הקן שאין בה טורח, ולא פיזור ממון, נאמר עליהם [דברים כב ז] - למען ייטב לך והארכת ימים. ואמרו רבותינו זיכרונם לברכה [קידושין לט ב] - רבי יעקב אומר אין לך מצוה קלה בתורה שאין תחיית המתים תלויה בה שנאמר בשלוח הקן למען ייטב לך וגו', למען ייטב לך לעולם שכלו טוב, והארכת ימים לעולם שכלו ארוך. ומה אם מצוה קלה שהיא בכאיסר אמרה תורה כך, מצות חמורות על אחת כמה וכמה:

**יא.** ועתה נדבר בעניין עונש ביטול מצות עשה. אמרו רבותינו זיכרונם לברכה [חולין קלב ב] - אם הזהירו את האיש לעשות סוכה או לולב ואינו עושה מכין כו'. ואמרו [ראש השנה יז א] - כי האנשים אשר לא הניח על ראשם תפילין מעולם הם נקראים פושעי ישראל בגופן. ועונשם חמור מן העובר פעם אחת על חייבי כריתות, ואמרו כל שעונותיו מרובין מזכיותיו ובכללן עוון פושעי ישראל בגופן, כגון שלא הניח תפילין מעולם, או עוברי עבירה כגון עריות, ליום הדין יורדין לגיהנם ונדונין שם י"ב חודש, לאחר י"ב חודש גופן כלה ונשמתן נשרפת, ורוח מפזרתן תחת כפות רגלי הצדיקים, שנאמר [מלאכי ג כא] - ועסותם רשעים כי יהיו אפר וגו'. ואמרו מי שמקל בעיניו מצות עשה כמו המבזה חולו של מועד, שיש בו מצות עשה, שנאמר [שמות כג טו] - את חג המצות תשמור. אף על פי שיש בידו תורה ומעשים טובים אין לו חלק לעולם הבא, ויש על כל מצות עשה אזהרת לאו כוללת שנאמר [דברים יג א] - לא תוסף עליו ולא תגרע ממנו:

**יב.** וקיום מצות עשה נקראת יראת שמים כמו הזהירות במצות לא תעשה. שנאמר [ויקרא יט לב] - מפני שיבה תקום והדרת פני זקן ויראת מאלהי"ך אני ה'. ונאמר [תהלים לד טו] - יראת ה' אלמדכם. ונאמר אחריו - סור מרע ועשה טוב בקש שלום ורדפהו. למדנו מזה כי מי שאינו עוסק בעשיית הטוב ובקשת שלום הפר יראת שמים, והוא מן הרשעים, כי לא ירא אלהי"ם, שנאמר [קהלת ח יג] - וטוב לא יהיה לרשע ולא יאריך ימים כצל אשר איננו ירא מלפני אלהי"ם:

**יג.** ויש במצות עשה מן החמורות שאין המון העם נזהרים בהם, כגון הזכרת שם שמים לבטלה, שנאמר [דברים י כ] - את ה' אלהי"ך תירא. ואמרו רבותינו זיכרונם לברכה [תמורה ד א] - הוזהרנו בזה שלא להזכיר שם שמים לבטלה. וכן גמלות חסדים שהיא מצוות עשה, שנאמר [שמות יח כ] - והודעת להם את הדרך ילכו בה זו גמילות חסדים. ואמרו גדולה גמילות חסדים יותר מן הצדקה, שהצדקה לעניים, וגמילות חסדים בין לעניים בין לעשירים. על כן אמרו [פרקי אבות א ב] - על שלשה דברים העולם עומד על התורה ועל העבודה ועל גמילות חסדים. והנה הצדקה בממונו, וגמילות חסדים בין בגופו בן בממונו, כי חייב אדם לטרוח בדרישת טוב לעמו ולשקוד בעמל נפשו על תקנת חבירו אם דל ואם עשיר, וזאת מן החמורות ומן העיקרים הנדרשים מן האדם, שנאמר [מיכה ו ח] - הגיד לך אדם מה טוב ומה ה' דורש ממך כי אם עשות משפט ואהבת חסד. וכן מצוה להיכנס לפנים משורת הדין, שנאמר [שמות יח כ] - ואת המעשה אשר יעשון. ואמרו רבותינו זיכרונם לברכה [בבא מציעא ל ב] - זה לפנים משורת הדין. ויש בעניין זה דרכים רבים אשר תהיה בהן המצווה הזאת מן החמורות, הכל לפי עניין הדין, כמו שאמרו רבותינו זיכרונם לברכה [בבא מציעא ל ב] - לא חרבה ירושלים אלא על שהעמידו דבריהם על דין תורה ולא נכנסו לפנים משורת הדין.

**יד.** ויש אנשים רבים בהמון העם חושבים כי אין עיקר האבדון והפסד הנפש זולתי בעבירות שיש בהם מעשה, וכי אין אבדן נפש

אל האיש אשר הוא טהור מחטוא במעשה ובדרך העבירות לא הלך וחדל מעשות מצות ומעשים טובים, על כן אנו חייבין להודיע תועי רוח בינה, כי אמרו רבותינו זיכרונם לברכה [ירושלמי חגיגה א ז] - שוויתר הקדוש ברוך הוא על עובדי גלולים וכו', ולא ויתר על עוון ביטול תורה. ואמרו [ספרי דברים עקב] - כשם ששכר תלמוד תורה גדול מכל המצות כך עונש המבטלה גדול מכל העבירות. ואמרו [במדבר טו לא] - כי דבר ה' בזה ואת מצותו הפר. נאמר על מי שאפשר לו לעסוק בתורה ואינו עוסק, וכבר זכרנו לך כל אלה בשער התורה:

**טו.** ומצאנו בעניין [בראשית יג יג] - אנשי סדום שהיו רעים לה' מאד. בכמה עלילות נשחתות כמו הגזל, והחמס, ועיוות הדין, וגלוי עריות, עם כל זה הזכיר הכתוב כי אבדו ונשמדו בעוון בטול הצדקות, שנאמר [יחזקאל טז מט] - הנה זה היה עון סדום אחותך גאון שבעת לחם וגו', ויד עני ואביון לא החזיקה. ונאמר על האנשים שאינם עורכים מחשבות להתבונן תמיד ביראת ה', [ישעיהו כט יג-יד] - ותהי יראתם אותי מצות אנשי מלומדה לכן הנני יוסיף להפליא את העם הזה פלא ופלא. ונאמר [ירמיהו יב ב] - מדוע דרך רשעים צלחה וגו', קרוב אתה בפיהם ורחוק מכליותיהם. ונאמר [תהלים עג כז] - כי הנה רחקיך יאבדו:

**טז.** ודע כי לפי גודל המצווה, יגדל עונש מי שיחדל לעשותה אף על פי שאינו עושה מעשה בהפרתה, כמו שמציינו במצות הפסח ובמצות המילה שהם מצות עשה, ויש בהן כרת:

**יז.** ודע כי המעלות העליונות נמסרו במצות עשה, כמו מעלות הבחירה שנאמר [דברים ל יט] - ובחרת בחיים. ומעלות תלמוד תורה שנאמר [דברים ו ז] - ודברת בם. ומעלות לכת בדרכי ה' שנאמר [דברים כח ט] - והלכת בדרכיו. ומעלות התבונן בגדולת ה' שנאמר [דברים ד לט] - וידעת היום והשבות אל לבבך כי ה' הוא האלהי"ם. ודוד אמר [תהלים יד ב] - ה' משמים השקיף על בני אדם לראות היש משכיל דורש את אלהי"ם. ומעלות זיכרון חסדיו

והתבונן בהם שנאמר [דברים ח ב] - וזכרת את כל הדרך. ונאמר [דברים ח ו] - וידעת עם לבבך כי כאשר ייסר איש את בנו ה' אלהי"ך מיסרך. ודוד אמר [תהלים קז מג] - ויתבוננו חסדי ה'. ונאמר [תהלים כו ג] - כי חסדך לנגד עיני. ומעלות הקדושה שנאמר [ויקרא יא מד] - והתקדשתם והייתם קדושים. ומעלות העבודה שנאמר [דברים י כ] - אותו תעבוד. ומעלות היראה, שנאמר [דברים י כ] - את ה' אלהי"ך תירא. ומעלות האהבה שנאמר [דברים ו ה] - ואהבת את ה' אלהי"ך. ומעלות הדביקות שנאמר [דברים י כ] - ובו תדבק. לכל אחת מהנה כמה מדרגות כאשר יתבאר בעזרת השם. ובעבור מעלות האלה נברא האדם, שנאמר [ישעיהו מג ז] - כל הנקרא בשמי ולכבודי בראתיו. ומה תקוות הנברא אם לא ישים עמל נפשו, ועיקר עסקו בדברים שנברא בעבורם:

**יח.** והנה נתבאר בתורה עונש ביטול המצוה שנאמר [דברים כז כו] - ארור אשר לא יקים את דברי התורה הזאת לעשות אותם. אמר לעשות אותם, יורה כי זה נאמר על ביטול מעשה המצוה:

**יט.** ודע כי נתחייב הנברא להיות ציר נאמן ועבד משכיל בכל מלאכת עבודת אדוניו, והפועל האמן יהיה מהיר במלאכתו וישגיח על מלאכת הפועלים חבריו, ועיניו על דרכיהם לראות אם באמונה הם עושים ויזהירם ויודיעם את המעשה אשר יעשון, כי חפצו ורצונו אשר תעשה מלאכת אדוניו בלא רמיה, על כן יחזיק ידי עושי המלאכה, ואמרו רבותינו זיכרונם לברכה [ירושלמי סוטה לא א] - ארור אשר לא יקים, אדם שלמד ושנה ולימד לאחרים וקיים את התורה, ויש בידו כח להחזיק ידי העוסק בתורה ובמצות, ולא החזיק הרי הוא בכלל ארור אשר לא יקים:

**כ.** ומן המצות החמורות. שלא לדון בערכאות של עובדי כוכבים, שנאמר [שמות כא א] -ואלה המשפטים אשר תשים **לפניהם**. ולא לפני כנענים, [הושע יד י] - ופושעים יכשלו בם, וכבר הקדמנו לדבר בעבירה הזאת:

**כא.** ועל ביטול מורא אב ואם שהיא מצות עשה, שנאמר [דברים כז טז] - ארור מקלה אביו ואמו. עניין מקלה, שמזלזל בכבודם ומפר מוראתם, כמו שאמרו רבותינו זיכרונם לברכה [גמרא קידושין לא ב] [ויקרא יט ג] - איש אמו ואביו תיראו, איזהו מורא אב לא ישב במקומו ולא סותר את דבריו ולא מכריעו:

**כב.** ומצות תפילין ומצות מזוזה מצות עשה הם, והנם בכלל קבלת מלכות שמים כי על כן נכתבו בפרשת שמע ישראל, ותוכל להתבונן מזה על עונש המבטל המצות האלה כי הוא שובר עול מנתק מוסרות, וכבר הקדמנו לדבר על המצות האלה, ועל מצות ציצית אמרו רבותינו זיכרונם לברכה [ספרי שלח] - שהציצית מוספת קדושה, שנאמר [במדבר טו מ] - למען תזכרו ועשיתם את כל מצותי והייתם קדושים לאלהיכ"ם. כמו אף על פי כי אין מצות ציצית זולתי על מי שיש לו בגד אשר לו ארבע כנפות, ואם אין לו בגד כזה אינו חייב לקנותו, כמו מכל מקום, אמרו רבותינו זיכרונם לברכה [מנחות מא א] - כי ענוש יענוש לעתות בצרה על דבר אשר לא חמד בלבבו יופי המצוה ושכרה, לבעבור סבב פני דברי חיובה עליו, ולקחת לו בגד שיש לו ארבע כנפות לעשות בו ציצית על כנפיו:

**כג.** ודע כי הירא את דבר ה' יחמיר וידקדק וישום נפשו בכפו על מצוה קלה כמו על החמורות, כי לא יבינו, פירוש יבינו ישימו לב, לאשר המצוה הזאת קלה לעומת החמורות, אך יבינו לגדולת המזהיר עליה יתברך, ופקח עיניך היטב לראות כי העיקר הנכבד הזה נתבאר בתורה, כי נכתב על מצות הקימה מפני שיבה, כמו שנכתב על מצות מורא אביו ואימו, ושמירת השבת, אני ה', ורבות מן המצות אשר הרבה מן העם הנמצאים בדור קצרי יד מעשותם הבאנום אל מקום זה יסוד לכל אחד בספר הזה, קחם נא אליך ועל לוח ליבך:

**כד. המדרגה השלישית** לאו שניתק לעשה, אמרו רבותינו זיכרונם לברכה [חולין קמא א] - לאו שניתק לעשה אין לוקין עליו.

כגון [דברים כב ו] - לא תקח האם על הבנים. שניתק לעשה שנאמר [דברים כב ז] - שלח תשלח. ואף על פי שלא היו לוקין בידי בית דין, יש בהם שענשו חמור ונגע עד שמים, משפטן נשא עד שחקים, כגון הגזל, שנאמר [ויקרא יט יג] - לא תגזול, וניתק לעשה [ויקרא ה כג] - והשיב את הגזלה. ואמרו [סנהדרין קח א] - לא נחתם גזר דינם של דור המבול אלא על הגזל. שנאמר [בראשית ו יג] - קץ כל בשר בא לפני כי מלאה הארץ חמס. ואף על פי שערוה חמורה מן הגזל, מידת עונש גזל להקריב יום אידו ולהחיש עתידות לו, ועוד אמרו [ויקרא רבה לג ג] - סאה מלאה עונות אין מקטרג בכולן כמו הגזל. ואמר שלמה המלך עליו השלום על אוצרות המרמה והאונאה [משלי כא ו] - פועל אוצרות בלשון שקר הבל נדף מבקשי מות. פירוש אוצרות המרמה והאונאה הבל נדף הם כי אחריתם לכיליון, ועודם ברשותו צוררים הם לו ומבקשים נפש בעליהם ומסבבים למותו, וכעניין שאמר חבקוק עליו השלום [חבקוק ב ט] - הוי בוצע בצע רע לביתו וגו', כי אבן מקיר תזעק וגו'. וגזל העני חייבין עליו מיתה בידי שמים, שנאמר [משלי כב כב-כג] - אל תגזול דל כי דל הוא ואל תדכא עני בשער, כי ה' יריב ריבם וקבע את קובעיהם נפש. פירושו, אל תגזול דל בעבור שהוא דל ואין עוזר לו, ואל תדכא עני בשער בהכלמה ובביזיון. ובשער, כלומר ברבים, וכעניין שנאמר [ישעיהו ג טו] - מה לכם תדכאו עמי ופני עניים תטחנו. כי ה' יריב ריבם אחר שאין להם סומך ומי שיטעון ויריב ריבם, וקבע את קובעיהם נפש אחרי שהובאת אליו צעקת הדל לא ייקח ממך ממון תחת הגזלה אשר גזלת אבל ישל אלו"ה נפשך. ונאמר [איוב כז ח] - כי מה תקות חנף כי יבצע כי ישל אלו"ה נפשו, ונאמר [משלי א יט] - כן ארחות כל בוצע בצע את נפש בעליו יקח. ומי שיצעק ויצער אלמנה ויתום בין בגזל בין בעושק בין הכלמה וכל מיני הצער חייב מיתה בידי שמים. וכן הדיינים שיש בידם להציל גזול מיד עושק ויתום לא שיפוטו, משפט מות להם שנאמר [שמות כב כא-כב] - כל אלמנה ויתום לא תענון, ואם ענה תענה אותו כי אם צעק יצעק אלי שמוע אשמע צעקתו וחרה אפי והרגתי אתכם בחרב והיו נשיכם אלמנות ובניכם יתומים. פירושו, והיו נשיכם אלמנות כנגד עינוי האלמנה ובניכם יתומים,

כנגד עינוי היתום מידה כנגד מידה, והמצער כל איש מישראל אף על פי שלא נכתב בו העונשים האלה עובר בלא תעשה, שנאמר [ויקרא כה יז] - לא תונו איש את עמיתו. ואמרו רבותינו זיכרונם לברכה [בבא מציעא נח ב] - באונאת דברים הכתוב מדבר. והוא מעניין הצער והמצוק מלשון [ישעיהו מט כו] - והאכלתי את מוניך את בשרם. ואמרו רבותינו זיכרונם לברכה [בבא מציעא נט א] - כל השערים ננעלו חוץ משערי אונאה. ובמקום שדיבר הכתוב מאונאת ממון הזכיר שם מקח וממכר, שנאמר [ויקרא כה יד] - וכי תמכרו ממכר לעמיתך. ואמרו [בבא מציעא נח ב] - גדולה אונאת דברים מאונאת ממון שזה בגופו וזה בממונו. וזו נאמר בה [ויקרא כה יז] - ויראת מאלהי"ך. וזו לא נאמר בה ויראת:

**כה.** והנשך והריבית יש בהן לא תעשה שנאמר [ויקרא כה לו] - אל תקח מאתו נשך ותרבית. וניתק לעשה שנאמר [ויקרא כה לו] - וחי אחיך עמך. פירושו, אם לקחת מאתו נשך ותרבית השב תשיבם לאחיך למען יחיה עמך, וענשו חמור מאוד, כל זמן שלא תיקן המעוות שאינו בא לתחיית המתים, שנאמר [יחזקאל יח יג] - בנשך נתן ותרבית לקח וחי לא יחיה. פירושו רבותינו זיכרונם לברכה [פרקי דרבי אליעזר לג] - על עניין תחיית המתים. ואמרו רבותינו זיכרונם לברכה [שמות רבה לא יד] - כל מי שיש בידו עון הריבית אין מלאך מלמד עליו זכות. וזהו שנאמר - וחי, בלשון שאלה ותמיהה. היש מליץ שיאמר כי דתו לחיות, כולם יענו ויאמרו לא יחיה:

**כו. המדרגה הרביעית** לאו שאין בו מעשה, אמרו רבותינו זיכרונם לברכה [תמורה ד ב] - לאו שאין בו מעשה אין לוקין עליו. ומפורש בדבריהם ז"ל כי לאו שאין בו מעשה חמור מן הלאו שניתק לעשה, ויש באזהרות שאין בו מעשה אזהרות תלויות בלב, מהן בלשון ומהן בקפיצת יד והמנע מן המעשה, וכן יש עבירות שאין בהם מעשה ותלויות בחוש השמע ובחוש הראות, וראינו רבים מבני אדם שכחו רבות מהם, ויש אשר ידעו ואינם נזהרים בהם מפני שאינן תלויות במעשה, כי העבירות התלויות

במעשה כמו אכילת החלב והדם והנבלה והטרפה אין הדבר קרוב להיכשל בהן כמו העבירות הנעשות במחשבה ובלשון ובשבת מן המעשה, על כן ראינו לזכור מקצתם להזכיר ולהזהיר אשר לא ידע להיזהר. ולא באנו להאריך בהם זולתי לרמוז עליהן להיות לזיכרון לשבי פשע:

**כז.** מן האזהרות התלויות בלב, [דברים ח יא] - השמר לך פן תשכח את ה' אלהי"ך. ואמרו רבותינו זיכרונם לברכה [מכות יג ב] - כל מקום שנאמר השמר, פן, ואל, הרי זה לא תעשה. הוזהרנו בזה לזכור את השם יתברך בכל עת, וחייב האדם להשתדל לקנות לנפשו תמיד ההנהגות המחויבות מן הזכירה, כמו היראה והצניעות וקישוט המחשבות וטכסיס המידות, כי זרע הקודש ישיגו כל הנהגה נאוה והמעטירה בעליה מזכירת השם יתברך, כמו שנאמר [ישעיהו מה כה] - בה' יצדקו ויתהללו כל זרע ישראל:

**כח.** [דברים ד ט] - השמר לך ושמור נפשך מאוד פן תשכח את הדברים אשר ראו עיניך. ואמרו רבותינו זיכרונם לברכה [מנחות צט ב] - כל השוכח דבר אחד מתלמודו עובר בשני לאוין. יכול אפילו תקפה עליו משנתו? תלמוד לומר ופן יסורו מלבבך. לא דבר הכתוב אלא במי שיסירם מליבו על ידי שהוא בטל מן התורה ואינו הוגה בה תמיד:

**כט.** [דברים ט ד-ה] - אל תאמר בלבבך בהדוף ה' אלהי"ך אותם מלפניך לאמר בצדקתי הביאני ה' לרשת את הארץ הזאת וגו', לא בצדקתך וביושר לבבך וגו'. הוזהרנו בזה שלא נדמה בנפשנו הצלחתנו בצדקנו ויושר לבבנו, אבל נאמין ונדע עם לבבנו, כי הצלחתנו מחסד העליון ורב טובו, וכעניין שאמר יעקב אבינו עליו השלום [בראשית לב יא] קטנתי מכל החסדים ומכל האמת:

**ל.** [דברים ו טז] - לא תנסו את ה' אלהיכ"ם. והוזהרנו זה שלא יאמר אדם אנסה נא בעבודת הצדקה יצליח ה' דרכי ואבחן בכישרון המעשה אם כסף וזהב ירבה לי, והאיש הטוב לא נמצא בו רפיון

ידים אם עמלו בחכמה ודעת וכשרון המעשה ולא צלחה דרכו בעניין קנין כספו ובשאר טובת חפצי הגוף, ואמרו רבותינו זיכרונם לברכה [תענית ט א] - כי במצות המעשרות בלבד הותרה הבחינה, שנאמר [מלאכי ג י] - הביאו את כל המעשר אל בית האוצר ויהי טרף בביתי ובחנוני נא בזאת. אומר שלמה המלך עליו השלום [משלי ג ט-י] כבד את ה' מהונך ומראשית כל תבואתך וימלאו אסמיך שבע וגו', מוסר ה' בני אל תמאס ואל תקוץ בתוכחתו. פירוש אם לא יהיה לך כן להימלא אסמיך שבע בתתך מהונך ומראשית כל תבואתך לעבודת הצדקה, אבל יאחזוך ימי עוני, אל תמאס מוסר ה' ודע כי גם זה לטובתך, [משלי ג יב] - כי את אשר יאהב ה' יוכיח להטיב באחריתו. להיות תמורת שכר העולם הזה ותחת כבודו, שכר אמת והטוב הצפון העומד לעד לעולם:

**לא.** [דברים ז יז-יח] - כי תאמר בלבבך רבים הגוים האלה ממני איכה אוכל להורישם לא תירא מהם:

**לב.** [דברים כ א] - כי תצא למלחמה וגו', וראית סוס ורכב עם רב ממך לא תירא מהם. הוזהרנו בזה שאם יראה האדם כי צרה קרובה תהיה ישועת ה' בלבבו, ויבטח עליה, כעניין שנאמר [תהלים פה י] - אך קרוב ליראיו ישעו. וכן כתוב [ישעיהו נא יב] - מי את ותיראי מאנוש ימות:

**לג.** [דברים א יז] - לא תגורו מפני איש כי המשפט לאלהי"ם הוא. הוזהרנו בזה להאמין שלא יקרנו נזק מצד משפט הצדק כאשר לא נכיר בו פנים, כמו שאמרו רבותינו זיכרונם לברכה [פסחים ח ב] - שלוחי מצוה אינן ניזוקין לא בהליכתן ולא בחזרתן. וזהו פירושו [דברים א יז] - כי המשפט לאלהי"ם הוא. שלא יבואכם נזק בסיבתו:

**לד.** [דברים יז כ] - לבלתי רום לבבו מאחיו. הוזהרנו בזה להסיר מנפשנו מידת הגאוה, ושלא יתגאה הגדול על קטן אך היה יהיה

שפל רוח, והגאוה מן העבירות החמורות המאבדות ומכלות הנפש, שנאמר [משלי טז ה] - תועבת ה' כל גבה לב. ומה יועיל קנין כספו ורב עושרו וגנזי מרומיו, והנה אחרי כי נתעב ונאלח גבהי תפארת גדולתו עמוקים משאול, ואל יתהלל חכם זולתי בעבודת השם יתברך וביראתו, והבטחון בו ובאהבתו והדבקות בו, שנאמר [דברים י כא] - הוא תהלתך והוא אלהי"ך. ונאמר [ירמיהו ט כג] - אל יתהלל חכם בחכמתו וגו', כי אם בזאת יתהלל המתהלל השכל וידוע אותי:

**לה.** [דברים טו י] - נתן תתן לו ולא ירע לבבך בתתך לו. והזהרנו בזה להרחיק מנפשנו צרות העין. ולהיותנו טובי עין. כעניין שנאמר [משלי כב ט] - טוב עין הוא יבורך. ולא די במתנת היד לבד, כי אם אשר נטע בנפשותינו מידת הנדיבות, על כן הזהיר ואמר ולא ירע לבבך אחר שנאמר נתן תיתן לו:

**לו.** [דברים טו ז] - לא תאמץ את לבבך ולא תקפוץ את ידך. הוזהרנו להסיר מנפשנו מידת האכזריות, ונטוע בה נטעי נעמנים, הם הרחמים והחסדים הנאמנים, כמו שכתוב [דברים כח ט] - והלכת בדרכיו. ובעבור כי מן האפשר שלא יקפוץ את ידו ויחון את העני ולא מדרך רחמנות, כעניין שנאמר [משלי יב י] - ורחמי רשעים אכזרי. על כן כתוב לא תאמץ את לבבך, ועונש האכזריות רע ומר, כאשר יתבאר בשער האכזריות בעזרת הא"ל, ואמרו רבותינו זיכרונם לברכה [שבת קנא ב] [דברים יג יח] - ונתן לך רחמים ורחמך והרבך. כל המרחם על הבריות מרחמין עליו מן השמים וכל שאינו מרחם על הבריות אין מרחמין עליו מן השמים:

**לז.** [דברים יג ט] - ולא תחוס עיניך ולא תחמול ולא תכסה עליו. הוזהרנו בזה שלא לחמול ולרחם על המחטיאים והמכשילים בני אדם, ואמרו רבותינו זיכרונם לברכה [מדרש תנחומא מצורע יד א] - כל הנעשה רחמני על האכזרים לסוף נעשה אכזרי על הרחמנים:

**לח.** [ויקרא יט יח] - לא תקום ולא תטור את בני עמך. אמרו רבותינו

זיכרונם לברכה [יומא כג א] - אי זו היא נקימה אמר לו השאילני קרדומך אמר לו איני משאילך כדרך שלא השאלתני את שלך, ואיזהו היא נטירה, אמר לו הריני משאילך, ואיני כמותך שלא השאלתני. ואין העונש בזה על הדיבור אלא על נטירת הלב, ואמרו רבותינו זיכרונם לברכה כי [יומא כג א] - אזהרת הנטירה על דבר שבממון. אבל על דברי גאוה ובוז ודרישת רעה מותר לשום הדברים על לבו, ואמרו רבותינו זיכרונם לברכה על זה [יומא כב ב] - כל תלמיד חכם שאינו נוקם ונוטר כנחש אינו תלמיד חכם. אבל אם יבקשו ממנו מחילה יעבור על מידותיו:

**לט.** [ויקרא יט יז] - לא תשנא את אחיך בלבבך. הוזהרנו בזה להסיר מנפשנו מידת השנאה והיא מידה מעוללת פשעים רבים, ומסבבת כמה עלילות נשחתות, כמו לשון הרע שהוא שקול כנגד כמה חייבי מיתות בית דין כאשר יתבאר, וכמו דרישת רעה, והשמחה לאיד, וגרמת נזקים לחבירו, והליכת רכיל, ונקימה ונטירה, ומאבדת טובה הרבה מן הנפש, כאשר יתבאר בשער השנאה, וראה עד היכן הגיע עונש השנאה, כי אמרו רבותינו זיכרונם לברכה [יומא ט ב] - בית שני שהיו עוסקים בתורה ומעשים טובים מפני מה חרב? מפני שנאת חנם שהיתה ביניהם.

**מ.** [דברים כג י] - ונשמרת מכל דבר רע. פירשו ז"ל [עבודה זרה כ ב] - לא יהרהר אדם ביום ויבא לידי טומאה בלילה. ואף על פי שאינו מהרהר כדי לעשות, ודבר הלמד מענינו שכתוב אחריו [דברים כג יא] - כי יהיה בך איש אשר לא יהיה טהור מקרה לילה:

**מא.** [במדבר טו לט] - ולא תתורו אחרי לבבכם ואחרי עיניכם. והזהרנו בזה שלא לחשוב לעשות עבירה וכל דבר פשע וחטא. כעניין שנאמר [משלי כ ד ח] - מחשב להרע. ושלא להרהר בדברי המינין, פן יכשל וימשך אחריהם, ואשר ישיב אל לבו כי השם יתברך בוחן לב וחוקר כליות, איך יעז פניו לטמא לבו ודבר בליעל יצוק בו, ואמר שלמה המלך עליו השלום [משלי כד ט] - זמת אולת חטאת. עוד אמר [משלי ו טז] - שש הנה שנא ה' ושבע תועבות

נפשו לב חורש מחשבות און:

**מב.** [שמות כג א] - לא תשא שמע שוא. והוזהרנו בזה שלא לקבל לשון הרע, וכמו שאמר התרגום - לא תקבל שמע דשקר.

**מג.** [שמות כ יד] - לא תחמוד בית רעך. [דברים ה יח] - ולא תתאוה בית רעך. הוזהרנו בזה שלא התעולל עלילות ברשע לקחת שדה וכרם וכל אשר לרעך. גם כי נתן מכרם, והוזהרנו על מחשבת הדבר הרע הזה שלא נסכים במחשבתנו לעשותו שנאמר לא תחמוד, ואם יכסוף אדם שימכור לו חבירו שדה או כרם או אחד מחפציו, לא יישא את נפשו למכרו, ואם יפציר בו ברוב דברי תחנונים יבוש להשיב פניו אסור לפצור בו, כי זה כמו הכרח ואונס, והחומד לקחת כל חפץ והוא איש נכבד, שאם ישאל שאלה אור פניו לא יפילון, אסור לשאול מעם רעהו מקח או מתת, בלתי אם ידע כי נתן ייתן לו בנפש חפצה, ולא ירע לבבו בתתו לו:

**מד.** מן האזהרות התלויות בלשון, [דברים כג טו] - כי ה' אלהי"ך מתהלך בקרב מחניך להצילך ולתת אויביך לפניך והיה מחנך קדוש ולא יראה בך ערות דבר. אמרו ז"ל [ברכות כה ב] - כי בכלל האזהרה הזאת, כי בהגותנו בתורת השם יתברך, ובדברינו בתפלה לפניו, יהיה מחנינו קדוש ולא יראה בנו ערות דבר, לכן נצטוינו בזה להזכיר שם שמים בקדושה, ולעסוק בדברי תורה ותפלה בקדושה, ושלא להזכיר שם שמים ודברי תורה אם הוא ערום. או אם יש שם אדם ערום כנגדו. וכן הוזהרנו שיהיה המקום נקי. כמו שנאמר [דברים כג יד] - וחפרת בה ושבת וכסית את צאתך. וכל שכן כי הוא מוזהר שלא להזכיר שם שמים אם אין ידיו נקיות, ואם נגעו ידיו בדבר הנמאס עליו ירחצם, וכעניין שנאמר [תהלים כו ו] - ארחץ בנקיון כפי. ובלכתו בדרך והוא מסתפק אם הדרך נקי אל יזכור שם שמים, ואל ידבר בדברי תורה, ואם יש דבר שאינו נקי לאחריו כגון צואה או נבלה או מי משרה, צריך שירחיק ארבעה אמות ממקום שכלה הריח, ולפניו כמלא עיניו והזהירות בזה מדרכי יראת שמים, שנאמר [מלאכי ג

טז] - ליראי ה' ולחושבי שמו. ואמרו רבותינו זיכרונם לברכה [ברכות כד ב] [במדבר טו לא] - כי דבר ה' בזה. זה המדבר דברי תורה במבואות המטונפות. ואמרו רבותינו זיכרונם לברכה [קהלת רבה א ז] [דניאל ב כא] - יהיב חכמתא לחכימין. מפני כי החכמים מכבדים את התורה ועוסקים בה בקדושה, ואלו נתנה לטיפשים היו מדברים בדברי תורה במבואות המטונפות:

**מה.** ויש באזהרות התלויות בלשון שלוקין עליהן, כי כן אמרו רבותינו זיכרונם לברכה [מכות טז א] - כל האזהרות שבתורה לאו שאין בו מעשה אין לוקין עליו, חוץ מנשבע ומקלל את חבירו בשם. והשבועה לשווא אף על פי שאין בה מיתת בית דין, עונשה חמור בידי שמים יותר, מהרבה עבירות שיש בהן מיתות בית דין, כי הנשבע לשקר מחלל את השם, שנאמר [ויקרא יט יב] - ולא תשבעו בשמי לשקר וחללת את שם ה' אלהי"ך. וחילול השם עונשו למעלה מכל העבירות, ולא נכתב כן על אחת מן העבירות אלא על השבועה לשקר, ועל עבודה זרה שנאמר [ויקרא כ ג] - כי מזרעו תנן למולך למען טמא את מקדשי ולחלל את שם קדשי. ונאמר באזהרות עבודה זרה [שמות כ ה] - לא תשתחוה להם ולא תעבדם כי אנכי ה' אלהי"ך א"ל קנא. רצונו לומר, כי לא יסלח עוון עבודה זרה על דרך סליחתו לשאר עבירות, כעניין שכתוב [ירמיהו ה ז] - אי לזאת אסלח לך בניך עזבוני וישבעו בלא אלהי"ם. וכן כתוב באזהרות השבועה לשקר [שמות כ ז] - כי לא ינקה ה' את אשר ישא את שמו לשוא. ונכתבה אזהרת השבועה לשקר אחר אזהרת עבודה זרה, יען וביען כי השבועה לשקר נמצא בכנפיה עוון חלול השם יתברך, ואמרו רבותינו זיכרונם לברכה [ילקוט יחזקאל כ שם] - בעניין מה שכתוב [משלי ל ח-ט] - ראש ועושר אל תתן לי וגו', פן אשבע וכחשתי ואמרתי מי ה' ופן אורש וגנבתי ותפשתי שם אלה"י. השנייה קשה מן הראשונה, שנאמר [יחזקאל כ לט] - ואתם בית ישראל וגו', איש גלוליו לכו עבודו ואחר אם אינכם שומעים אלי ואת שם קדשי לא תחללו עוד. רצונו לומר, כי עוון הנשבע לשקר בבית דין חמור מעונש העובד כוכבים בסתר מפני חלול השם, ואמרו ז"ל [שבועות לט א] - על כל עבירות

שבתורה נפרעין ממנו וממשפחתו וכאן ממנו ומכל העולם. ואם חייבו בית דין את האדם להישבע שבועה והוא יודע אשר פיו דיבר שווא, אסור לקבל עליו השבועה לאמור אנכי אשבע למען הפחיד את חבירו, אף על פי שאין בלבבו להישבע, שנאמר [שמות כ ז] לא תשא. ויש בכלל משמעו לא תקבל להישבע לשווא, וכן אמרו ז"ל במכילתין [יתרו ז] - ותרגום לא תשא שמע שוא לא תקבל. ואסור להישבע חנם אף על פי שהוא נשבע על האמת, שנאמר [שמות כ ו] - לא תשא את שם ה' אלהי"ך לשוא. ותרגומו **למגנא**, וכן המסבב להשביע את חבירו חנם גדול עונו, כגון שהיה חברו חייב לו מנה ויכפיל על תביעתו למען יצא קו הדין על הודאתו למקצת להישבע שבועת התורה, או שתובע את חבירו על חנם אשר לא ידע ישאלהו ומשביעו שבועת היסת, ואמרו רבותינו [שבועות לט א] - כי זה האיש נקרא גנב שגונב דעת הבריות. ועליו נאמר [זכריה ה ד] - הוצאתיה נאם ה' צבאות ובאה אל בית הגנב ואל בית הנשבע בשמי לשקר ולנה בתוך ביתו וכלתו ואת עציו ואת אבניו. ומי שהוא יודע שאם ישבע יחשדוהו בני אדם על שבועתו, יש לו להימנע ולחשוך נפשו מן השבועה לכבוד שמים, גם כי האמת אתו:

**מו.** [שמות כב כז] - אלהי"ם לא תקלל ונשיא בעמך לא תאור. [ויקרא יט יד] - לא תקלל חרש. והזהרנו בזה שלא יקלל איש מישראל בשם ולא באחד מכל הכינויים, ומה שהוזכר בתורה אלהי"ם לא תקלל ונשיא וחרש, כי בא להזהיר שלא לקלל השופט כאשר ירשיעוהו בדין, ולא את הנשיא כאשר יענוש אתו לשלחו ביד פשעו, והוצרך להזכיר החרש, פן תאמר אין עונש בקללתו, אחרי אשר איננו שומע ולא ישיגהו צער על קללתו, ובסוף פרשת משפטים נכתב - אלהי"ם לא תקלל, לאמור שלא תקלל השופט את המשפטים האלה, אבל השופט אשר לא כדת אותו תקלל, ואמרו רבותינו זיכרונם לברכה [שבועות לו א] - המקלל את חבירו או את עצמו בשם לוקה וענשו בידי שמים רב מאוד. שנאמר [דברים כח נח-נט] - אם לא תשמור לעשות את כל דברי התורה הזאת וגו', ליראה את השם הנכבד והנורא הזה את ה' אלהי"ך,

והפלא ה' את מכותך וגו'. ופירשו רבותינו זיכרונם לברכה עניין הפסוק הזה על מי שמקלל את חבירו או את עצמו בשם.

**מז.** ואסור לאדם שיאמר כן יושיעהו השם כאשר הדבר הזה דבר אמת והנה הוא כזב, כי הנה קלל את עצמו בשם שמכלל הן אתה שומע לאו:

**מח.** [ויקרא י ט] - יין ושכר אל תשת וגו'. [ויקרא י יא] - ולהורות את בני ישראל. [ויקרא י י] - ולהבדיל בין הקודש ובין החול. אמרו רבותינו זיכרונם לברכה [עירובין סד א] - השותה רביעית יין שאינו מזוג במים אל יורה. ואם שתה יותר מרביעית אף על פי שמזגו אל יורה:

**מט.** [ויקרא כה יז] - לא תונו איש את עמיתו. באונאת דברים הכתוב מדבר כאשר שהקדמנו למעלה, ואמרו רבותינו [בבא מציעא נח ב] - היה בעל תשובה לא יאמר לו זכור מעשיך הראשונים היה בן גרים לא יאמר לו זכור מעשי אבותיך. וזהו שנאמר [שמות כב כ] - וגר לא תונה ולא תלחצנו. לא תונה בדברים, ולא תלחצנו בממון, ובכמה מקומות הזהירה התורה על אונאת הגר מפני אשר שכח עמו ובית אביו ובא לחסות תחת כנפי השכינה, כעניין שנאמר [רות ב יא] - ותעזבי אביך ואמך וארץ מולדתך ותלכי אל עם אשר לא ידעת. ונאמר [רות ב יב] - ותהי משכרתך שלמה מעם ה' אלה"י ישראל אשר באת לחסות תחת כנפיו. משל לצבי שבא לעדר ושם ירבוץ עם הצאן ירעה, וחמל עליו בעל העדר, כי עזב כר נרחב ויעמוד במקום צר:

**נ.** [שמות כג ב] - לא תהיה אחרי רבים לרעות. הוזהרנו בזה שלא לחזק ידי עוברי עבירה בדברים, ושלא להתחבר אל המסכימים אל העול, וכעניין שנאמר [ישעיהו ח יב] - לא תאמרון קשר לכל אשר יאמר העם זה קשר:

**נא.** ואסור להתחבר אל הרשע בעסקי העולם. שנאמר [דברי הימים-

ב כ לז] - בהתחברך עם אחזיהו פרץ ה' את מעשיך. ונאמר [משלי ג לא] - אל תקנא באיש חמס ואל תבחר בכל דרכיו. ואמרו רבותינו זיכרונם לברכה באבות של רבי נתן [אבות דרבי נתן ט] - אל תהי חבר לרשע אפילו לדבר מצוה. ורבו דרכי מות הנמצאים בחברת הרשעים, וכבר גלינו על העוון הזה וכובד ענשו:

**נב.** [ויקרא יט יד] - ולפני עור לא תתן מכשול. והזהרנו בזה שלא להורות את בני ישראל אשר לא כדת ושלא כהלכה, ואמרו רבותינו זיכרונם לברכה [פרקי אבות א א] - הוו מתונים בדין. ונמהרי לב להבין ולהרות לא יצילו את נפשם מתת מכשול לפני עור וחטאתם כבדה מאוד, כמו שכתוב [תהלים פב ה] - לא ידעו ולא יבינו בחשכה יתהלכו ימוטו כל מוסדי ארץ. ועוד אמרו [פרקי אבות ד יג] - הוי זהיר בתלמוד ששגגת תלמוד עולה זדון. ואמרו רבותינו זיכרונם לברכה [סוטה כב א] [משלי ז כו] - כי רבים חללים הפילה זה תלמיד שלא הגיע להוראה ומורה, ועצומים כל הרוגיה זה תלמיד שהגיע להוראה ואינו מורה:

**נג.** עוד הוזהרנו מן המקרא הזה, להשיא עצה הוגנת לאשר יועץ מבני עמנו, ולא להכשילו בעצה נבערה. ולא ייעץ את חברו לפי דרכו:

**נד.** וחייב אדם לחשוב מחשבות להעלות עצות הגונות ומתוקנות לחבירו, וזה אחד מעיקרי דרכי גמילות חסדים, שנאמר [משלי כז ט] - שמן קטרת ישמח לב ומתק רעהו מעצת נפש:

**נה.** [ויקרא יט טז] - לא תלך רכיל בעמך. אמרו רבותינו זיכרונם לברכה [כתובות מו א] - כי בכלל האזהרה הזאת שלא להוציא שם רע על איש מבני עמנו. ועונשו חמור בידי שמים, כאשר יתבאר במדרגת חייבי מיתה, עוד אמרו רבותינו זיכרונם לברכה [כתובות מו א] - לא תלך רכיל בעמך אזהרה לדיין שלא יהא רך לזה וקשה לזה:

**נו.** [שמות כג יג] - ושם אלהים אחרים לא תזכירו. לא יאמר אדם לחבירו שמור לי אצל עבודת כוכבים פלונית:

**נז.** [דברים ז יב] - לא תחנם. פירשו רבותינו ז"ל [עבודה זרה כ ב] - לא תיתן להם חן לשבעה עממין:

**נח.** [במדבר יז ה] - ולא יהיה כקרח וכעדתו. אמרו רבותינו זיכרונם לברכה [סנהדרין קי א] - כל המחזיק במחלוקת עובר בלאו שנאמר ולא יהיה כקרח וכעדתו. ומותר לספר לשון הרע על בעלי המחלוקת, שנאמר [מלכים-א א כו] - ולי אני עבדך ולצדק הכהן וגו' לא קרא:

**נט.** מי שאינו מחזיק במחלוקת על המתייצבים על דרך לא טוב ומושכי העוון, הרי הוא נענש מפשעיהם לכל חטאתם, ועובר בלאו, שנאמר [ויקרא יט יז] - ולא תשא עליו חטא. ונאמר [הושע י ט] - מימי הגבעה חטאת ישראל שם עמדו לא תשיגם בגבעה מלחמה על בני עולה. פירושו, אם שם עמדו הדור הזה לא השיגה אותם בגבעה מלחמה לבער הרע כאשר השיגה מלחמה לבני הדור ההוא, שם עמדו כמו אם שם עמדו, [בראשית ב כד] - וכן ועזב את אביו. ואם עזב, רצונו לומר ממין חטא גבעה היה חטאתם, אכן הם היו טובים מאלה כי נקהלו ועמדו על נפשם לבער הרע, ונאמר [שופטים ה כג] - אורו מרוז אמר מלאך ה' אורו ארור יושביה כי לא באו לעזרת ה' בגבורים. ונאמר [דברים א יז] - לא תגורו מפני איש. וכל מי שהוא לשם יתברך ימסור נפשו על קדושת ה', שנאמר [שמות לב כו] - מי לה' אלי ויאספו אליו כל בני לוי. ונאמר [במדבר כה ז] - וירא פינחס וגו' ויקח רומח בידו. וחובה על כל ירא, אף כי אוהב טהר לב, להעיר קנאה כי יראה והנה יד שרים וסגנים במעל, שנאמר [עזרא ט ב] - ויד השרים והסגנים היתה במעל הזה ראשונה:

**ס.** [ויקרא כה מו] - ובאחיכם בני ישראל איש באחיו לא תרדה בו בפרך. לא ישתעבד אדם בחביריו, ואם אימתו עליהם או שהם

בושים להחל דברו, לא יצווה אותם לעשות קטנה או גדולה, אלא לרצונם ותועלתם, ואפילו להחם צפחת מים או לצאת בשליחות אל רחוב העיר לקנות עד ככר לחם, אבל אדם שאינו נוהג כשורה מותר לצוותו לכל אשר יחפוץ:

**סא.** [ויקרא כב לב] - לא תחללו את שם קדשי. זה מחייבי כריתות כאשר יתבאר, ודע כי ההפסד והאבדון המצוי בנפשות המון העם, הלא הוא על שפת לשון, כי הם מזכירים שם שמים לבטלה, וגם מזכירים מבלי מורא, ועל עניין זה פירשו רבותינו זיכרונם לברכה [ויקרא רבא אמור כו] מה שכתוב [ישעיהו א ג] - ישראל לא ידע. גם אינם מדקדקים בנקיות המקום וניקיון כפים, וחכמי ישראל היו מנדים ומשמתחם המוציא שם שמים לבטלה, והיו חושדים אותו על השבועה, ואמרו [נדרים ז ב] - השומע מחבירו שמזכיר שם שמים לבטלה, צריך לנדותו, ואם לא נדהו, הוא עצמו יהא בנדוי:

**סב.** ועל דברת בני האדם שאינם נזהרים בלשונם בכבוד תלמידי חכמים בין בפניהם בן שלא בפניהם, נעשים אפיקורסים, שאין להם חלק לעולם הבא, וכן אבדון ארבע כתות הלא הוא בחטאת [תהלים נט יג] - פימו דבר שפתימו. הכל כמו שיתבאר בשער הזה, על כן כתוב [משלי יח כא] - מות וחיים ביד לשון:

**סג.** והתבונן וראה עוון הלשון וכובד פשעו, כי המקלל אביו ואימו ענשו חמור מן המכה, כי משפט המקלל בסקילה שהיא החמורה במיתות בית דין, והמכה משפטו בחנק:

**סד.** וגם רבים נוקשים ונלכדים, בחללם החושים הנכבדים, חוש הראות, וחוש השמע, ונאמר על חוש הראות [במדבר טו לט] - ולא תתורו אחרי לבבכם ואחרי עיניכם. הוזהרנו בזה שאל יסתכל אדם באשת איש ובשאר עריות פן יוקש בם:

**סה.** ומן העבירות התליות בחוש הראות, רום עיניים, כי הוא

מעול, פירוש לשון עילה וסיבה, ור"ל שהגאווה היא סיבה לרום העיניים, מן הגאוה שנאמר [תהלים קא ה] - גבה עינים ורחב לבב אותו לא אוכל:

**סו.** ומדברי רבותינו על חוש השמע [כתובות ה ב] - אל ישמיע אדם לאזניו דברים בטלים שהם נכווים תחילה לאיברים. ועל המאזין לכל פה דבור נבלה נאמר [משלי כב יד] - שוחה עמוקה פי זרות. ישיתו לב לכל אלה יראי אלהי"ם ובעלי תשובה, להציל את נפשם מיד להבה, וכבר הקדמנו לך דברים נכבדים בעניין זה בשערי גדרי הזהירות:

**סז.** מן האזהרות התלויות בקפיצת יד, והמונע מן המעשה [דברים טז ז-ט] - לא תקפוץ את ידך מאחיך האביון וגו', השמר לך פן יהיה דבר עם לבבך בליעל לאמר קרבה שנת השבע שנת השמטה ורעה עינך באחיך האביון ולא תתן לו. למדנו מזה כי הנמנע מהלוות לעני עובר בשני לאוין שהם - השמר פן, ואם לעת אשר קרבה שנת השבע הוזהרנו שלא נחדול מלהלוות מיראת דבר השמטה, אף כי בזמן שלא יפסיד חובו, כי יגדל חטא הקופץ ידו מלהלוות, ועל גודל העוון קרא הכתוב מהשבת צר העין מלהלוות דבר בליעל, ואמרו רבותינו זיכרונם לברכה [כתובות סח א] - כל המעלים עיניו מן הצדקה כאלו עובד כוכבים. כתיב כאן [דברים טו ט] - פן יהיה דבר עם לבבך בליעל. ושם כתיב [דברים יג יד] - יצאו אנשים בני בליעל מקרבך. ואמרו רבותינו זיכרונם לברכה [ילקוט שמואל כח קלד] - כי נקרא צר העין בליעל. וכן כתוב [שמואל-א כה כה] - אל איש הבליעל הזה על נבל. על שהיה צר עין, שאמר לעבדי דוד [שמואל-א כה א] - ולקחתי את לחמי ואת מימי ואת טבחתי וגו'. ואמרו רבותינו זיכרונם לברכה [שבת סג א] - גדול המלווה לעני יותר מן העושה צדקה:

**סח.** [ויקרא יט יג] - לא תעשוק את רעך. ופירוש, שגם זה הוא מן האזהרות התלויות בקפיצת יד, שהכתוב מדבר בעושק שכר שכיר שמונע מלשלם לו שכרו, וכן מה שהביא אחרי זה פסוק

[תהלים לז כא] - לוה רשע ולא ישלם. הוא מזה המין שמונע מלשלם החוב. [ויקרא יט יג] - לא תלין פעולת שכר אתך עד בקר. [דברים כד טו] - ביומו תתן שכרו לא תבא עליו השמש. אחד שכר הבהמה, ואחד שכר האדם, ואחד שכר הכלים, עובר עליהן על בל תלין. קבלנות עובר עליו על בל תלין.

**סט.** [דברים כא כג] - לא תלין נבלתו על העץ. המלין את מתו עובר בלאו, זולתי אם הלינו לכבודו.

**ע.** [דברים כב ג] - לא תוכל להתעלם. הוזהרנו בזה שלא להתרשל מהצלת ממון חברינו בין מטלטלין בין קרקעות כמו שאמרו רבותינו זיכרונם לברכה [בבא מציעא לא א] - וכן תעשה לכל אבדת אחיך לרבות אבדת קרקעות. כגון אם היו מים שוטפים ובאים שם חייב לגדור בפניהם, אף כי הוזהרנו להשתדל בהצלת חברנו ולשית עצות לעזרתם בעת צרתם, וכן כתוב [ויקרא יט טז] - לא תעמוד על דם רעך. ואמר שלמה [משלי כד י] - התרפית ביום צרה צר כחך. פירושו, אם יש לך כח להציל בעצה או בהשתדלות ואתה מראה את נפשך שאין בך יכולת, יקצר כחך, מידה כנגד מידה, ונאמר אחריו [משלי כד יב] - כי תאמר הן לא ידענו זה הלא תוכן לבות הוא יבין ונוצר נפשך הוא ידע והשיב לאדם כפעלו. הנה המגיעה מן ההצלה ושית עצות על העזר הקדוש ברוך הוא יחשוב לו כפעלו, נראה לפרש שכוונתו בביאור הפסוק, שאף שעוון המניעה היה בשב ואל תעשה, מכל מקום יחשב לו לעוון, כאלו עשה לרעהו רעה, בפועל שאותו הרעה שבאה לחבירו במקום שהיה יכול להינצל על ידי חבירו, יחשב לזה הנמנע מן ההצלה, כאלו הוא פעל ועשה וזהו והשיב לאדם כפעלו:

**עא.** וטוב ונכון מאוד להיות בכל עיר ועיר, מתנדבים בעם מן המשכילים להיות נכונים ומוזמנים לכל דבר הצלה, בהיות איש או אישה מישראל שרויים בצער, והנה נתחייבנו לטרוח [דברים כב א] - בשור אחינו או שיו הנדחים. להיות עמנו עד דרוש אחינו אותו, עתה מה לעשות יקר וגדולה לבעליהם, וכן כתוב [ישעיהו נח

ז] - ועניים מרודים תביא בית:

**עב.** [ויקרא יט יז] - הוכיח תוכיח את עמיתך ולא תשא עליו חטא. הוזהרנו בזה שלא נשא חטא בחטא חבירנו בהימנענו מהוכיח אותם, ואם איש אחד יחטא, בהגלות נגלות חטאו, כל העדה יענשו עליו אם לא יוכיחוהו בשבט מוסרם, וכן כתוב [יהושע כב כ] - הלא עכן בן זרח מעל מעל בחרם ועל כל ישראל היה קצף והוא איש אחד לא גוע בעונו. ונאמר [דברים כט כח] - והנגלות לנו ולבנינו עד עולם. ואפילו אומות העולם אמרו [יונה א ז] - ונדעה בשל מי הרעה הזאת. אף כי ישראל שהם ערבים זה בזה:

**עג.** ולהינצל מן העונש הזה, נכון הדבר לבחור אנשי אמת ולחזות מכל העם אנשי חיל, לתתם ראשי השגחה על כל שוק ומגרש משכנותם, להשגיח על שכניהם ולהוכיחם על כל דבר פשע ולבער הרע:

**עד.** [דברים כג כב] - כי תדור נדר לה' אלהי"ך לא תאחד לשלמו. הנה יש עונש באיחור הנדרים והצדקות אף על פי שמשלם אותם אחרי כן, ואם נדר אדם לתת צדקה לעניים חייב לשלם אותו מיד, ואם מדרך השכחה יארע לו איחור הנדרים, אף גם זאת ענוש ייענש, כי אחרי שהוא יודע שהשכחה מצויה באדם, היה לו לזכור נדריו ולהעלותם על לבו תמיד לבלתי ישכחם, כעניין שנאמר [משלי כ כה] - מוקש אדם ילע קדש ואחר נדרים לבקר. על כן ענשו חמור על פשיעתו, שנאמר [קהלת ה ה] - אל תתן את פיך לחטיא את בשרך ואל תאמר לפני המלאך כי שגגה היא למה יקצוף האלהי"ם על קולך וחבל את מעשה ידיך. פירושו, אל תיתן את פיך לחטיא וגו', למה תדור אם אינך זהיר בנדרך ותביא עליך אשם, וכבר הקדמנו לבאר המקרא הזה בשערי גדרי הזהירות, ואמרו רבותינו זיכרונם לברכה [שבת לב ב] - בעון נדרים בנים מתים. שנאמר [קהלת ה ה] - וחבל את מעשה ידיך. עוד יתפרש המקרא על עניין לשון הרע כי ייענש על הפשיעה בו, אף על פי שלא נתכוין לבזות לחבירו. והנה נצטוינו שלא לנדור נדרים

שנאמר [דברים כג כג] - וכי תחדל לנדור לא יהיה בך חטא. ורבותינו דרשו מזה [נדרים עז ב] - שאם תדור יהיה בך חטא. כי הנדר מכשול לפני הנודר פן יחל דברו או יאחר לשלם, אבל צדיק חונן ונותן מבלתי שידור, זולתי כאשר יקרא מן המצר כי אז ידור נדר, כעניין שכתוב [בראשית כח כ] - וידר יעקב נדר לאמר וגו'. וכן בהתאסף ראשי עם יחד שבטי ישראל ידרו נדרים לחזק ידים רפות. ניראה לי כוונתו במה שכתוב [ישעיהו לה ג] - לחזק ידים רפות. רצונו לומר, שיזרז שאר העם אשר מידת הנדיבות רופפת בידיהם כי לא הורגלו בכך, ועל ידי שהוא נודר בפרהסיא ברוב עם, נשא לבם אותם להתנדב גם הם, וכך כתוב [דברי הימים-א כט כ] - ויאמר דוד המלך לכל הקהל וגו'. [דברי הימים-א כט ב] - ובכל כחי הכינותי וגו'. [דברי הימים-א כט ה] - ומי מתנדב למלאות ידו היום לה'. [דברי הימים-א כט ו] - ויתנדבו שרי האבות וגו'. [דברי הימים-א כט ט] - וישמחו העם על התנדבם כי בלב שלם התנדבו לה' וגם דוד המלך שמח שמחה גדולה:

**עה. המדרגה החמישית** לאו שיש בו מעשה, אמרו רבותינו זיכרונם לברכה [מכות יג ב] - לאו שיש בו מעשה לוקין עליו. והמלקות ארבעים חסר אחת, ואמרו רבותינו זיכרונם לברכה [סנהדרין י א] - מלקות תחת מיתה עומדת. ואמרו [סנהדרין פא א] - מי שלקה ושנה כונסין אותו לכיפה. וחובה על המוכיחים לחפש דרכי העם, ולחקור ולדעת במה יכשלו, ולהזהירם, כי יש אזהרות רבות אף על פי שהם שומרים מקצת האזהרה, מבטלים הם מקצתם, כגון איסור מלאכה בשבת שהם שומרים שבת מחללו ברוב, ויש מלאכות שאין מקצת העם נזהרים בהם, לפי שאינם ידועים אצלם ותלין אתם משוגתם, תחת אשר לא ילינו בקרב חכמים ותורה לא יבקשו מפיהם, על כן תורות עברו ונענשו, כמו שכתוב [ישעיהו כו י] - יוחן רשע בל למד צדק. ויש פושעים יכשלו בם כי לא הורגלו בנעוריהם בית אביהם, להיזהר בהם ונחלו אבות ולא ישמעו לקול מורים, ואלה עושים בזדון:

**עו.** וכן כל העם נזהרים מדם הנפש ומדם התמצית, ומקצתם אינם

נזהרים בהכשר המליחה להוציא הבשר מידי דמו כמשפט, וכהנה רבות מאוד מבלי דעת ואין תוכחת, וכמו שנאמר [משלי כט יח] - באין חזון יפרע עם:

**עז.** ויש אזהרות שאין מקצת ההמון שומרים עיקר האזהרות כמו החבלה וההכאה, שהמכה את חבירו עובר בשני לאוין, שנאמר [דברים כה ג] - ארבעים יכנו לא יוסיף פן יוסיף. ורבים עוברים על הלאוין האלה בהכאת נשותיהם, ואמרו רבותינו זיכרונם לברכה [סנהדרין נב ב] - כל המרים יד על חבירו אף על פי שלא הכהו נקרא רשע. שנאמר [שמות ב יג] - ויאמר לרשע למה תכה רעך. למה הכית לא נאמר אלא תכה, ואיוב אמר [איוב לא כא] - אם הניפותי על יתום ידי. ואמרו רבותינו זיכרונם לברכה [סנהדרין נח ב] - רב הונא קצץ יד המכה. אמר [איוב לח טו] - וזרוע רמה תשבר:

**עח.** וכן בהשחתת הזקן, שנאמר [ויקרא יט כז] - ולא תשחית את פאת זקנך:

**עט.** ויש אנשים אשר לא נשמרו בבגד כלאים שעטנז, כי יתפרו בגד צמר בחוט הפשתים, או יעשו מבגד פשתים שפה לפי בגד הצמר:

**פ.** [ויקרא יח ו] - איש איש אל כל שאר בשרו לא תקרבו. כל קירוב בשר אסור כגון הנגיעה בידי אשת איש, ופירושו לגלות ערוה, כי הקריבה מביאה לידי ערוה, וכי תאמר בלבבך איפה נמצא בכתוב כי גדרה התורה גדר כי תאמר אשר אסרה מגע יד ליד להיות גדר לעבירה, נשיבך דבר, הנה במצות הנזיר אשר עיקר נזירותו פן ישתה וישכח מחוקק או יתעהו רוח זנונים, אוסרתו התורה מכל אשר יעשה מגפן היין, וכל זה לגדר הרחקה ממשתה היין, וכן אמרו רבותינו במדרש [שמות רבה בא ב]:

**פא.** [ויקרא יט יד] - ולפני עור לא תתן מכשול. אמרו רבותינו [מועד קטן יז א] - כי הוזהרנו בזה לבלתי הכות אדם בנו הגדול. פן תהיה

לפוקה ולמכשול לחטא בלשונו ולהקלות אביו, וכן הוזהרנו בזה
שלא לזמן כל מכשול עוון לישראל וגם אל הנוכרי, שלא ייתן
כוס יין לנזיר, ואבר מן החי לבני נח, גם לא יושיט אליו את אשר
אסור לו, ולא יכשילהו באחד מן הדברים שהוזהרו בני נח
עליהם:

**פב.** [דברים כ יט] - לא תשחית את עצה לנדוח עליה גרזן. כי
הוזהרנו בזה שלא לכרות כל עץ מאכל גם לבנות לו מצור, כל
זמן שימצא מאילני סרק די סיפוקו, וכן הוזהרנו בזה שלא לפזר
ממון לריק אפילו שווה פרוטה, ואמרו רבותינו [בבא קמא צא ב] -
המקרע על מתו יותר מדי לוקה. וכל שכן המשבר כלים בחמתו,
כי שתים רעות עשה, השחית ממון, והשליט את כעסו להעבירו
על דברי תורה, כי מעתה יש עמו מלחמה מיצר הכעס להעבירו
על דתו, כעניין שכתוב [משלי כט כב] - ובעל חמה רב פשע. וכבר
הקדמנו לך מה שאמרו רבותינו זיכרונם לברכה [שבת קה ב] - אם
ראית אדם שהוא משבר כלי בחמתו יהיה בעיניך כאלו עובד
כוכבים שכך דרכו של יצר הרע היום אומר לו עשה כך ולמחר
אומר לו עבוד אלהים אחרים. ואמרו רבותינו זיכרונם [יבמות מד
א] - לברכה לא ישפוך אדם מי בורו ואחרים צריכין לו. אף כי
הוזהרנו שלא להשחית הגוף במסירתו לסכנות, או בסיגוף הגוף
לבלעו חנם בתעניות מתוך צערו וכעסו, ולא להתאבל על מתו
יותר מדאי, אבל המתאונן והמתאבל על עוונותיו, עליו נאמר
[ישעיהו נז יח] - דרכיו ראיתי וארפאהו ואנחהו ואשלם נחומים לו
ולאבליו. ונאמר [בראשית ט ה] - ואך את דמכם לנפשותיכם אדרוש
ואמרו רבותינו זיכרונם לברכה [בבא קמא צא ב] - מיד נפשותיכם
אדרוש את דמכם:

**פג.** [ויקרא יט כג] - שלש שנים יהיה לכם ערלים לא יאכל. הערלה
נוהגת בחוצה לארץ ואסורה בהנאה, וכל אשר יאסר בהנאה
אסור לתתו במתנה לעובד כוכבים, וכרם רבעי אסור בהנאה בלא
פדיון, ואין פודין אותו עד שיביאו פירותיו לעונת המעשרות,

ואימתי עונת המעשרות, משנגמרו פירותיהן, כעניין ששנו רבותינו ז"ל [משנה מעשרות א ב] - מאימתי הפירות חייבין במעשר:

**פד.** [בראשית לב לג] - על כן לא יאכלו בני ישראל את גיד הנשה. גיד הנשה אסור בהנאה, ואסור לתתו לעבדו ושפחתו הכנעני, ואוסר לשלוח ירך לכנעני וגיד הנשה בתוכה, ואסור לשלוח ירך לכנעני וגיד הנשה בתוכה. ואסור לתין גיד הנשה לשמנו לכלבו ולחתול שמזונותם עליו:

**פה.** [ויקרא יט יא] - לא תגנובו ולא תכחשו ולא תשקרו. אמרו רבותינו [בבא מציעא סא ב] - לא תגנובו על מנת למיקט. שלא יאמר אגנוב כלי פלוני, כדי שיצטער ונקוט בפניו, ויזהר בשמירת כליו, ואחר כך אחזירנו לו, וכן אסור ליטול כלי מבית חבירו דרך גנבה להשתמש בו ולהחזירו, ולא יגנוב את שלו מאחרי הגנב שלא יראה כגנב:

**פו.** [ויקרא יט כו] - לא תנחשו ולא תעוננו. לא תנחשו כגון אלו המנחשים בחולדה ובעופות, פתו נפלה מפיו, צבי הפסיקו בדרך, ואמר אות הוא כי לא יצליח דרכו, וסר מן הדרך בעבור זה, והדומה לעניינים האלה, שלא ילך לקראת נחשים הן לעשות מעשה הן להימנע מן המעשה. **לא תעוננו**, לשון עונות ושעות, שאומר יום פלוני יפה להתחיל מלאכה, שעה פלונית קשה לצאת, ואין לשמוע אל הוברי שמים, אבל יבטח ליבך בה' אלה"י השמים ואלה"י הארץ. על כן כתוב על העניין הזה [דברים יח יג] - תמים תהיה עם ה' אלהי"ך. למדנו מזה כי המעוננים והקוסמים נעדרים בטחון, והעלילות הנשחתות ההם מעשה ארץ כנען, שנאמר [דברים יח יד] - כי הגויים ההם אשר אתה יורש אותם אל מעוננים ואל קוסמים ישמעו ואתה לא כן נתן לך ה' אלהי"ך:

**פז.** [ויקרא יט טו] - לא תעשו עול במשפט. הרי הוא אומר אחרי כן [ויקרא יט טו] - לא תשא פני דל ולא תהדר פני גדול בצדק תשפוט עמיתך. ומהו משפט האמור בתחילת המקרא, אמרו רבותינו

זיכרונם לברכה [ספרי ויקרא קדושים יט פד] - הוא המידה והמשקל והמשורה. מלמד שהמודד נקרא דיין, ושאם שקר במידה הרי הוא כמקלקל את הדין, וקרוי עול ומשוקץ וחרם ותועבה, וגורם לחמש דברים כמעוות הדין, מטמא את הארץ, ומחלל את השם, ומסלק השכינה, ומפיל העם בחרב, ומגלה אותם מארצם, וכן נאמר [ויקרא יט לה-לו] - לא תעשו עול במשפט במדה במשקל ובמשורה מאזני צדק איפת צדק והין צדק יהיה לכם אני ה' אליהכ"ם אשר הוצאתי וגו'. במידה וזו מידת הארץ, במשקל כמשמעו, ובמשורה היא מידת הלח והיבש, אבני צדק הם המקלות ששוקלים כנגדם, איפה היא מידת היבש, הין זו מידת הלח, אני ה' אלהיכ"ם אשר הוצאתי וגו', אני הבחנתי במצרים בין טיפה של בכור לטיפה שאינה של בכור, ואני נאמן להיפרע ממי שטומן משקלותיו במלח כדי להטעות הבריות, שאין מכירין בהן:

**פח.** [שמות כב כד] - לא תהיה לו כנושה. הוזהרנו בזה שלא לצער את הלווה, ולא יעבור המלווה לפניו ויודע שאין לו מה לפרוע, כי הוא מציק לו ומרפה את רוחו, בזה ואמרו רבותינו זיכרונם לברכה [בבא מציעא עה ב] - הרי הוא כאלו דן אותו בשני דינין שנאמר [תהלים סו יב] - הרכבת אנוש לראשנו באנו באש ובמים. וראוי לעטות קינאה להוכיח המסתוללים בעמינו במקצת מקומות לאסור הלווה בזיקים גם כי לא יזדמן לו לפרוע:

**פט.** [שמות כב כד] - לא תשימון עליו נשך. אזהרה לעדים, שהמלווה והלווה והעדים עוברין בלא תעשה, על כן אמר לא תשימון לשון רבים, אחר שאמר לא תהיה לו כנושה, לפי שהוא אזהרה לעדים:

**צ.** [ויקרא כב כא] - כל מום לא יהיה בו. הוזהרנו בזה שלא להטיל מום בבכור אפילו בזמן הזה:

**צא.** [דברים כב י] - לא תחרוש בשור ובחמור יחדיו. הוזהרנו בזה

שלא לחרוש ושלא לדוש בשני מינים כשהם מצומדים בעול או בחבל, והוא הדין שלא להנהיגם כשהם מצומדים, וזה שהזכיר חרישה דיבר הכתוב בהווה, ואפילו להנהיגם בקול אסור, ושתי פרידות זו בת סוסיא וזו בת חמורה שני מינים הן, ואסור להנהיגן יחד, ואסור להנהיג הפרד עם הסוס או עם החמור. [ויקרא יט יט] - בהמתך לא תרביע כלאים. פרדה שתבעה זכר, אין מרכיבין עליה לא סוס אלא פרד שהוא מינה, כגון שהפרדה והפרד אמותיהם שוות, שניהם בני סוסה או חמורה:

**צב.** [ויקרא כו א] - ואבן משכית לא תתנו בארצכם. הוזהרנו בזה שלא להשתחוות על רצפת אבנים בבית הכנסת, ובכל מקום, חוץ מבית המקדש:

**צג.** [ויקרא יא מג] - אל תשקצו את נפשותיכם. הוזהרנו בזה שלא לאכול הדברים הנמאסים על הנפש, שלא יאכל דג או חגב עד שימות, וכן לא ישתה בקרן מקיזי הדם, [מכות טז ב] -והמשהה את נקביו עובר משום בל תשקצו את נפשותיכם:

**צד.** [ויקרא יט כט] - אל תחלל את בתך להזנותה ולא תזנה הארץ ומלאה הארץ זמה. פירשו רבותינו [סנהדרין עו א] - כי בא הכתוב הזה להזהיר שלא ימסור אדם בתו פנויה לביאה שלא לשם קדושין ולא תזנה הארץ, שאם אתה עושה כן, הארץ מזנה ועושה פירותיה במקום אחר ולא בארצכם. וכן הוא אומר [ירמיהו ג ג] - וימנעו רביבים ומלקוש לא היה ומצח אשה זונה היה לך. ולא הותרו פילגשים בלא כתובה ובלא קידושין אלא למלך, שאימתו מושלת על הבריות, ולא יזנו אחרים עמה. על כן ייחוד המלך על הפילגש כעין אישות, ואחר היתר הפילגשים למלך גזרו רבותינו [כלה א א] - על כלה בלא ברכה שתהא אסורה לבעלה כנדה:

**צה.** והנה ראית גודל עונש המייחד לו פנויה לזנות. כי נאמר על זה [ויקרא יט כט] - ולא תזנה הארץ ומלאה הארץ זמה. מלבד המכשלה הגדולה והרעה אשר תמצא את הבאים אל הפנויה, כי

היא בושה לטבול מטומאת נדתה במי נהר או מקוה מים, פן יגלה לרבים קול זנותה, על כן תהיה בנדתה, טומאתה בשוליה לא זכרה אחריתה, עוד אמרו רבותינו [סנהדרין עו א] - אל תחלל את בתך להזנותה הרי הוא אזהרה שלא ישיא אדם את בתו לזקן:

**צו.** [דברים יד כא] - לא תאכלו כל נבלה. אמרו רבותינו זיכרונם לברכה [חולין לב א] - כל שנפסלה בשחיטתה נבלה. ולמוכיחים יונעם, העד בעם, ויזהרו בתורת השחיטה ודקדוקיה, להשלים חוקיה, ויבחרו להם בכל חוקיה שוחט ירא חטא כי עם רב מישראל תלויים עליו במצות השחיטה והבדיקה, וגם אמנה אמרו רבותינו זיכרונם לברכה [חולין ג ב] - רוב מצויים אצל שחיטה מומחין הן. יש מקומות מבלי משים ואין תוכחת, מצויים שם רבים מן העם הנמצאים אצל שחיטה בלתי מומחים בתושייה, ועוד ראינו במקצתם שערורייה, כי רבים מן המומחים רחקו לבם מיראת חטא, ואשר איננו ירא, לבו לא יבין לדקדק בבדיקת הסכין, כי צריך לכוון את לבו במאוד מאד בבדיקתו, הלא תראה כי יבדוק אדם פעמים ושלוש ולא ירגיש בפגימה דקה, לאחר כן ימצאנה, כי הכין לבו באחרונה. ובחינת חוש המישוש כפי כוונת הלב, מלבד כי יפשע גבר מבלי יראה, בבדיקת הסימנים ויתר דרכים וצדדין בהגלות נגלות לפני כל יודעי דת ודין:

**צז.** [שמות כג ח] - ושחד לא תקח. אפילו על מנת לזכות את הזכאי ולחייב את החייב. ואף על פי שהסכימו שני אנשים אשר להם הריב לתת לו שכר בשותפות, כך אמרו רבותינו זיכרונם לברכה [כתובות קה א] - הנוטל שכרו לדון דיניו בטלים. אבל רשאים ליתן לו שכר ההפסד אשר יפסיד באשר יפריעוהו ממעשיו, אם ההפסד ניכר וקצוב וידעו לבני אדם ובלבד שלא ייתן אחד מהם בשכר ההפסד יותר מחבירו:

**צח.** אמרו רבותינו זיכרונם לברכה [כתובות קה ב] - ושחד לא תקח אפילו שחד דברים. שאם אמר לו אחד מהם דברי חונף יחשוך נפשו מן הדין ההוא, ואם הביא אליו תשורה בבואו לדון לפניו

לא יקחנה מידו, ואם הקדים והעביר מנחה על פניו לקח את מנחתו כבר נפסל השופט הזה לשפטו:

**צט.** [שמות יב טז] - כל מלאכה לא יעשה בהם אך אשר יאכל לכל נפש וגו'. אמרו רבותינו [ביצה יב א] - מתוך שהותרה הוצאה לצורך אוכל נפש ביום טוב הותרה שלא לצורך אוכל נפש. ובלבד שהוא לצורך היום, כעניין שאמרו מוציאן את הספר תורה לרשות הרבים ביום טוב לקורא בו ביום ההוא. אבל אסור להוציא לצורך חול, זולתי לצורך יום טוב. ורבים מן העם חוטאים להוציא מפתח תיבתם לרשות הרבים ביום טוב, גם כי אין בתיבה מכל מאכל אשר יאכל ביום טוב:

**ק.** [דברים כב ה] - לא ילבש גבר שמלת אשה. אזהרה למעביר שער בית השחי ובית הערוה:

**קא.** [דברים כב ח] - לא תשים דמים בביתך. אזהרה למעמיד כלב רע בתוך ביתו וסולם רעוע בתוך ביתו:

**קב.** [דברים טו יט] - לא תעבוד בבכור שורך ולא תגוז בכור צאנך. הבכור נוהג בין בארץ בין בחוצה לארץ, ובכור שנתערב במאה או באלף אוסר את כלן בהנאה:

**קג.** [דברים יב ד] - לא תעשון כן לה' אלהיכ"ם. אזהרה למוחק את השם:

**קד.** [ויקרא יח ג] - ובחוקותיהם לא תלכו. והזהרנו בזה להתרחק מכל דרכי האמורי, ומהם הלחשים והקמיעים שאינן מן המומחה לרפואה:

**קה.** [ויקרא כג יד] - ולחם וקלי וכרמל לא תאכלו עד עצם היום הזה. החדש אסור מן התורה גם בחוצה לארץ:

**קו.** כתבנו מקצת הדברים אשר שוגגים בהם רבים מבלי הדעת, כי לא גלו עליהם את אזנם, ומקצת הדברים אשר ידעו כי אסורים ולא ידעו חומר האיסור, וזכרנו מהם למען לא ילין העם משגה בהם, ישמע חכם ויוסיף לקח להזהיר את העם על הדברים אשר תקראנה אותם כאלה עליהם, והמשכילים יזכירו, וכזוהר הרקיע יזהירו:

**קז. המדרגה השישית** מיתה בידי שמים. ההפרש אשר בין מיתה וכרת, כי חיוב המיתה, עליו ולא על זרעו, ובעונש הכרת, והוא וזרעו נכרת, אולם אמרו רבותינו זיכרונם לברכה [פסחים לב ב] - כי על עניין אחד ועל צד יינשא חומר המיתה בידי שמים מן הכרת. כי מי שהוא חייב מיתה בידי שמים עולה מות בחלונותיו, ובעלי חיים מקנה קנינו מתים, פרתו רועה באפר והיא מתה, תרנגולתו רועה באשפה והיא מתה, וידבק המוות בו עד כלותו אותו.

**קח.** וחייבי מיתה בידי שמים נסדרו במשנה מקצתם. כמו האוכל את הטבל, והוא הדגן שלא נתקן בהפרשת תרומה ומעשרות ממנו, והמצוה הזאת נוהגת בארץ ישראל. וכגון כהן טמא שאכל תרומה טהורה, וזר שאכל את התרומה:

**קט.** ויש בהם אשר בארו אותם רבותינו ז"ל בגמרא ובמדרשים, ורובם יש ללמוד אותם מן הפסוק, כגון המענה אלמנה ויתום, שנאמר [שמות כב כא-כג] - אלמנה ויתום לא תענון אם ענה תענה אותו וגו' וחרה אפי. ואמרו רז"ל [מכילתא שמות משפטים יח] - אחד הצועק ואחד שאינו צועק. רצונו לומר כי נענש מענה אלמנה ויתום, אחת דתו אם צעוק יצעק המתענה תחת ידו ואם החריש יחריש, אבל ממהרין לפרוע ממנו כאשר יצעק היתום אל השם יתברך:

**קי.** הגוזל את העני שנאמר [משלי כב כב-כג] - אל תגזל דל כי דל הוא וגו', כי ה' יריב ריבם וקבע את קובעיהם נפש. וכבר בארנו

זה במדרגה השלישית, ואמרו רבותינו זיכרונם לברכה [בבא קמא קיט א] - כי הגוזל את העני כאלו נוטל הימנו נשמתו. שנאמר [משלי א יט] - כן אורחות כל בוצע בצע את נפש בעליו יקח. פעמים שמקפח את פרנסתו אפילו בגזלת פחות משוה פרוטה, על כן דם יחשב לאיש ההוא, דם שפך אם גזל ממנו שווה פרוטה:

**קיא.** והמוציא שם רע שנאמר [במדבר יד לז] - וימותו האנשים מוציאי דבת הארץ רעה במגפה לפני ה'. אמרו רבותינו זיכרונם לברכה [ערכין טו א] - אם המוציא שם רע על הארץ עונשו במיתה. הוציא שם רע על איש ישראל שנתחייב בתורה ובמצות על אחת כמה וכמה, ונאמר [דברים כב יט] - וענשו אותו מאה כסף ונתן לאבי הנערה כי הוציא שם רע וגו'. הנה לא הזכיר הכתוב חטאו על אשר היה מבקש נפש האישה ומסבב להמיתה בבית דין בעדי שקר אשר הביא על זנותה, והזכיר עוון הוצאת שם רע, כי הוא העוון הגדול יותר מן המבקש נפש לספותה, כי צער הכלימה מר ממות וכן אמרו רבותינו זיכרונם לברכה על הוצאת שם רע חייב הכתוב מלקות וממון. לא על דבר אשר בקש להמיתה. ואמרו רבותינו זיכרונם לברכה [ירושלמי בבא קמא ח ז] - כי המוציא שם רע בדברי פגם משפחה אין לו כפרה עולמית. כי לא דיו במחילת החיים אשר המה חיים עדנה, כי סיבב לחפיר ולהבאיש מולדתם אשר יולידו, ועוד אנחנו מוסיפים ביאור בזה בביאור חומר עוון ארבעה מיתות.

**קיב.** והמשחק עם התינוקות ונאף בין ביד בין ברגל חייב, ואמרו רבותינו זיכרונם לברכה [נדה יג ב] - כי ענשו כעונש דור המבול שהיו משחיתים דרכם. וכן העושה כמעשה ער ואונן דש מפנים וזורה מבחוץ לאבד הזרע חייב, שנאמר [בראשית לח י] - וירע בעיני ה' אשר עשה וימת גם אותו. ונאמר על המוצאים את הזרע לבטלה [ישעיהו נז ה] - הנחמים באלים ותחת כל עץ רענן שוחטי הילדים וגו'.

**קיג.** ותלמיד חכם שאינו נוהג בצניעות חייב, לפי שמרחיק אהבת

הבריות מן התורה, ואמרו רבותינו זיכרונם לברכה [שבת קיד א] - כי על זה נאמר [משלי ה לו] - כל משנאי אהבו מות. פירוש משנאי - משניאי, שהם גורמים לבריות לשנוא את התורה. ואמרו רבותינו זיכרונם לברכה [יומא פו א] - בזמן שאדם קורא ושונה ודבורו בנחת עם הבריות ומקחו ומתנו בשוק נאה ונושא ונותן באמונה מה הבריות אומרות עליו אשרי אביו ואימו שלמדו לו תורה אוי הם לבני אדם שלא למדו תורה פלוני שלמד תורה ראיתם כמה יפים דרכיו וכמה מתוקנים מעשיו, עליו הכתוב אומר [ישעיהו מט ג] - ויאמר לי עבדי אתה ישראל אשר בך אתפאר. ובזמן שאדם קורא ושונה, ואין דבורו בנחת עם הבריות, ואין מקחו ומתנו בשוק נאה, ואינו נושא ונותן באמונה, מה הבריות אומרות עליו, אוי לו לפלוני שלמד תורה, אוי לא לרבו לאביו שלמדו לו תורה, אשרי בני אדם שלא למדו תורה, פלוני שלמד תורה ראיתם כמה מכוערים מעשיו כמה מקולקלים דרכיו, עליו הכתוב אומר [יחזקאל לו כ] - ויחללו את שם קדשי באמור להם עם ה' אלה ומארצו יצאו:

**קיד.** אמרו רבותינו זיכרונם לברכה [מסכת דרך ארץ יא] - כל שיש בית המדרש בעירו ואינו הולך שם חייב:

**קטו.** החולק על ישיבתו של רבו חייב מיתה בידי שמים:

**קטז.** והמורה ההלכה בפני רבו, חייב מיתה בידי שמים, ואמרו רבותינו זיכרונם לברכה [ערובין סג א] - לא מתו נדב ואביהוא בהקריבם אש זרה על חטא ההקרבה, כי כוונתם הייתה לשם מצוה. כי אמרו הנה כתוב בתורה [ויקרא א ז] - ונתנו בני אהרן הכהן אש על המזבח. אף על פי שיורדת אש מן השמים מצוה להביא מן ההדיוט, אבל ענשם היה מפני שהורו הלכו בפני משה רבינו:

**קיז.** ואמרו רבותינו זיכרונם לברכה [פרקי אבות ה יא] - דבר בא לעולם על מיתות האמורות בתורה שלא נמסרו לבית דין, ועל

פירות שביעית. ואמרו עוד בארבע פרקים הדבר מתרבה, ברביעית, ובשביעת, ובמוצאי שביעית, ובמוצאי החג שבכל שנה. **ברביעית** מפני מעשר עני שבשלישית. **ובשביעית** מפני מעשר עני שבששית. **ובמיוצאי שביעית** מפני פירות שביעית. **ובמוצאי החג שבכל שנה** מפני גזל מתנות עניים. וראינו מזה כי יש מיתה בידי שמים על גזל מתנות עניים, ותדע ובחנת מזה חומר הנודר לצדקה ואינו משלם:

**קיח.** גם הקופץ ידו מאחיו האביון, ובשרו מתעלם דומה לאלה, כי אחרי אשר נתחייב לתת, הנה הוא כגוזל מתנותיו:

**קיט. המדרגה השביעית** חומר הכרת, העונש שחייב על זדונן כרת, שחייב השוגג בהם להביא חטאת, וכן אמרו רבותינו זיכרונם לברכה [כריתות ב א] - כי אין אדם חייב להביא חטאת זולתי בדבר שעונש על זדונו כרת. והכרת שנכרת הוא וזרעו, כעניין שנאמר [ויקרא כ כ] - חטאם ישאו ערירים ימותו. וחייבו הכרת על שני החלקים:

**קכ.** החלק האחד שנכרתים מן העולם הזה, כגון הבא על אחותו, ועל אחות אביו, ועל אחות אימו, ועל אחות אשתו, ועל אשת אחיו אחר שילוחיה או אחרי מות בעלה, וכן הבא על אשת אחי אביו ועל אשת אחי אימו, והאוכל חלב ודם, ואוכל חמץ בפסח, והעושה מלאכה ביום הכיפורים, ומי שלא עשה פסח, והבא על הנדה:

**קכא.** והחלק השני שנכרתים מן העולם הזה והעולם הבא, כגון העובד עבודת כוכבים, והעושה עבירות בפרהסיא, והבוזה את התורה, כגון המבזה את לומדיה ואוהבי השם יתברך, והפר ברית בשר, ואנו מבארים היטב עניין הכתות ההם במדרגה האחת עשרה.

**קכב.** ומי שנתחייב כרת, פעמים שתאריך לו הזכות בעולם, הזה

שנים ושלשה דורות, ואיחור המות לרשעים לשלם שכרם בעולם הזה, ולאבדם מן העולם הבא. שנאמר [דברים ז י] - ומשלם לשנאיו אל פניו להאבידו לא יאחר לשנאו אל פניו ישלם לו. ומפרש הדבר בדברי דוד המלך עליו השלום [תהלים צב ז-ח] - איש בער לא ידע וכסיל לא יבין את זאת בפרח רשעים כמו עשב ויציצו כל פועלי און להשמדם עדי עד. וכן אמר אסף עליו השלום [תהלים עג ג-ד] - כי קנאתי בהוללים שלום רשעים אראה כי אין חרצובות למותם וגו', עד אבוא אל מקדשי אל אבינה לאחריתם. פירושו כי הנקמה ברשעים באחריתם, כמו שנאמר [משלי כד כ] - כי לא תהיה אחרית לרע נר רשעים ידעך:

**קכג.** ואמרו רבותינו זיכרונם לברכה [קהלת רבה ז לב] - אמר רבי יאשיהו מפני שלשה דברים הקדוש ברוך הוא מאריך פנים עם הרשעים בעולם הזה, שמא יעשו תשובה, או עשו מצות שישלם להם הקדוש ברוך הוא שכרם בעולם הזה, או שמא יצאו מהם בנים צדיקים, שכך מצינו שכאשר האריך פנים לאחז, יצא ממנו חזקיה, וגם אמון יצא ממנו יאשיהו, וגם שמעי יצא ממנו מרדכי:

**קכד.** ועניין הכרת קיצור השנים, כעניין שנאמר [משלי י כז] - ושנות רשעים תקצורנה. ויש בעניין קיצור השנים, הפרש בין מיתה לכרת, כי **הכרת** מות האדם קודם חמישים שנים. **והמיתה** קודם ששים, כמתי מידבר. רצונו לומר כי מי שנגזר עליו לחיות שבעים או שמונים שנה ונתחייב מיתה, ימות פחות מבן ששים. אבל יש צדיקים שמספר ימיהם פחות מששים, כמו שאמרו [תענית ה ב] - בן חמשים ושתים זו היא מיתתו של שמואל הרמתי. ונאמר [במדבר ד יח] - אל תכריתו את שבט משפחות הקהתי מתוך הלוים. ודרשו רבותינו זיכרונם לברכה מזה כי הכרת קודם חמישים שנה. פירושו המקרא אל תהי נסיבה מאתכם להכרית שבט הקהתי מתוך עבודת הלוים, כי אם לא תשמרו אותם שלא יבואו לראות כבלע את הקודש, יכרתו מתוך עבודת הלוים, וימותו קודם חמשים שנה שנאמר [במדבר ח כה] - ומבן חמישים שנה ישוב מצבא העבודה וגו':

**קכה.** ויש בחייבי כריתות אשר גורם לזרעו מוקש רע ושחיתות, לבד מאשר אחרית הזרע להכרית, והוא הבא על הנדה, וההוא יקרע זרע מרעים, כי יהיה תו העזות על מצחו בעוד בחיים חיותו, כמו שאמרו רבותינו זיכרונם לברכה [כלה רבתי ב] - עז פנים הלא הוא בן אישה נדה. ותהי עונות הבן על עצמות האב, כי הוא עולל לנפשו להיות פושע מבטן, ואוי לרשע רע כי שחת לו, והכרת תכרת נפשו ונפש אשתו, וזרעו בליעל כולו נכרת, והאישה הנה היא בנידת טומאתה, גם אם טהרה מזובה, וספרה לה שבעת ימים כמשפט, כל זמן שלא טבלה במקור מים או מי נהר ומעין אשר בו ארבעים סאה, גימטריא לדבר ההולכים לא"ט:

**קכו. המדרגה השמינית** ארבע מיתות בית דין. והם סקילה, שרפה, הרג, וחנק. והסקילה חמורה מן השריפה, והשריפה מן ההרג שהוא בסייף, וההרג מן החנק. ומן העבירות שהם בסקילה - הבא על אשת אביו, ועל הכלה, ועל הזכר, ובעל אוב וידעוני, והמחלל את השבת, והמקלל אביו ואימו, והבא על נערה המאורסה, והמסית, והמכשף, ובן סורר ומורה, וחמורים מכלם המגדף והעובד עבודת כוכבים:

**קכז. בשריפה** - [סנהדרין עה א] הבא על אישה ובתה, ועל בת אשתו, ועל בת בנה, ועל בת בתה, ועל חמותו, ועל אם חמותו, ועל אם חמיו:

**קכח. בסייף** - [סנהדרין עו ב] שנים, הרוצח, ואנשי עיר הנידחת:

**קכט. בחנק** - [סנהדרין פד ב] מכה אביו ואימו, וגונב נפש מבני ישראל, וזקן ממרה על פי בית דין, ונביא השקר, והמתנבא בשם עבודת גילולים, והבא על אשת איש:

**קל.** אמרו רבותינו זיכרונם לברכה [סנהדרין פד ב] - מיום שחרב בית המקדש אף על פי שבטלו ארבע מיתות בית דין, דין ארבעה מיתות לא בטלו, מי שחייב סקילה, או נופל מן הגג או חיה

דורסתו. ומי שחייב שרפה, או נופל בדליקה או נחש מכישו, ומי שחייב הריגה, ליסטים באים עליו. ומי שחייב חנק, או טובע בנהר או מת בסרונכי [**היב"ש** - אסכרה, מחלה בגרון של קושי נשימה]:

**קלא.** והבא על השפחה, דומה לחייבי מיתות בית דין בשני דרכים, כי אמרו רבותינו זיכרונם לברכה [סנהדרין פא ב] - בועל מצרית קנאין פוגעין בו. כעניין שכתוב [במדבר כה ח] - וידקור את שניהם. ופרש העניין, כי ימצאהו איש והנה תועה במקום רואים ועוד פרש מן העבירה, בפגעו בו הו ימיתנו, והדבר הזה חמור מכל חייבי מיתות בית דין, כי לא ימותו זולתי בעדים והתראה ועל פי סנהדרין, מה שאמרו כאן זה:

**קלב.** ומלבד אלה, כי חלל הרשע הנזכר את קדש ה', אשר אהב ובעל בת אל נכר, וכל בן נכר אשר יוליד יהיה לו לפח ולמוקש ולהזכיר העוון, יישא האב בעוון הבן, ובה' בגד כי בנים זרים ילד:

**קלג.** עוד שנית, יגלו שמים עונו וארץ מתקוממה לו, כי חטאו על מפלתו ישקוד, ואחריתו יהיה נתלה על העץ בקודקוד, והנה ידמה בזה לחייבי מיתות בית דין לאחר חורבן הבית, כי מן השמים ישפטון שימותו במרדם, שלא כמות כל האדם כאשר בארנו. ואמרו רז"ל [במדבר רבה נשא י] - כל הבועל את הארמית נתלה בקדקוד. [תהלים סח כב] - אך אלהי"ם ימחץ ראש אויביו קדקד שער מתהלך באשמיו. פירוש ימחץ קודקוד בשער, כי יתלה בשערו, ונאמר [מלאכי ב יב] - יכרת הוי"ה לאיש אשר יעשנה ער ועונה מאהלי יעקב. ופירושו רבותינו ער בחכמים, ועונה בתלמידים:

**קלד.** ואמרו רבותינו זיכרונם לברכה [פרקי אבות ה יא] - חרב בא לעולם על ענוי הדין ועל עוות הדין, ועל המורים בתורה שלא כהלכה, חיה רעה באה לעולם על שבועת שווא, ועל חלול השם:

**קלה.** ומן הדברים אשר ינעם למוכיחים להזהיר ולהעיד בעם עליהם, ולשמור אורחות פריץ, במצות השבת, על אודות אבות מלאכות ותולדות, כי רבות מהנה נעלמו מעיני רבים, אף אין מגיד אף אין משמיע:

**קלו. המדרגה התשיעית** חומר העבירות שייהרג ואל יעבור עליהם, אמרו רבותינו זיכרונם לברכה [סנהדרין עד א] - בכל עבירות שבתורה אם יאמר לו אדם עבור ואל תיהרג, יעבור ואל ייהרג שנאמר [ויקרא יח ה] - אשר יעשה אותם האדם וחי בהם. וחי בהם ולא שימות בהם, חוץ מעבודה זרה, וגלוי עריות ושפיכות דמים, שאם יאמר לו אדם על אחת משלש אלה עבור ואל תיהרג, ייהרג ואל יעבור. ואף על פי שיאמרו לו לעשות העבירה בצנעה, שנאמר [ויקרא כב לב] - ונקדשתי בתוך בני ישראל. ובשעת השמד אפילו בצנעה, ייהרג ואל יעבור:

**קלז.** והשלש עבירות הנזכרות, הצד הקל שבהן עונשו חמור מכמה עבירות חמורות, וקראו רבותינו זיכרונם לברכה [פסחים כה א] - הצד הקל שבעבירה אבק העבירה. [עבודה זרה כז ב] - ואמרו בכל מתרפאין מחולי שיש בו סכנת נפשות חוץ מעצי אשירה, שאם יאמרו לו הבא עלין של אשירה והתרפא בהן ימות ואל יתרפא בהן. ואף על פי שאין הנהנה מעצי אשירה עובד עבודת כוכבים, מפני שהוא אבק עבודת כוכבים ימות ואל יתרפא בהם. לפי שהוא כמחזק ידי עובדי האשירה פן יאמרו לו האשירה הצילתהו:

**קלח.** וכן לעניין גלוי עריות, כגון שחשק באשת איש, [סנהדרין עה א] - ואמרו לו אין רפואת תעלה עד שתעמוד לפניו ערומה, או שתספר עמו, ימות ואל יפרוץ גדר איסור אשת איש. והכר מזה חומר המגע ביד אשת איש:

**קלט.** והנה אבק הרציחה הלבנת פנים, כי פניו יחוורו ונס מראה האודם, ודומה אל הרציחה, וכן אמרו רבותינו זיכרונם לברכה

[בבא מציעא נח ב]. **והשנית** כי צער ההלבנה מר ממות, על כן אמרו רבותינו זיכרונם לברכה [כתובות סז ב] - לעולם יפיל אדם עצמו לכבשן האש ואל ילבין פני חבירו ברבים. ולא אמרו כן בשאר עבירות חמורות, אכן דימו אבק הרציחה אל הרציחה, וכמו שאמרו כי יֵהָרֵג ולא יִרְצַח. ודומה לזה אמרו [סוטא י ב] - שיפיל עצמו לכבשן האש ואל ילבין פני חבירו ברבים. ולמדו זה מעניין תמר. שנאמר [בראשית לח כה] - היא מוצאת והיא שלחה אל חמיה וגו'. הנה כי אף על פי שהוציאוה להישרף, לא גלתה כי הייתה הרה מיהודה, שלא להלבין פניו.

**קמ.** ועוד אמרו [בבא מציעא נח ב] - כל היורדין לגיהנם עולין, חוץ משלשה יורדין ואינן עולין, המלבין פני חבירו ברבים, והמכנה שם לחבירו, והבא על אשת איש. הנה כי דימו המלבין פני חבירו ברבים, והמכנה שם לחבירו, בשגם הוא מלבין פניו, אל הבא על אשת איש, שהוא מן העבירות שייהרג עליהן ואל יעבור:

**קמא.** ועוד אמרו [בבא מציעא נט א] - המלבין פני חבירו ברבים אין לו חלק לעולם הבא. ומה שלא אמרו כן על הרוצח שאין לו חלק לעולם הבא. ומה שלא אמרו כן על הרוצח שאין לו חלק לעולם הבא. כי הלבין פני חבירו איננו מכיר גודל חטאו, ואין נפשו מרה לו על עונו כמו הרוצח, על כן הוא רחוק מן התשובה:

**קמב.** ועל מצות שבת אמרו רבותינו זיכרונם לברכה [ירושלמי נדרים ג יד] - שקולה שבת כנגד כל המצות. ואמרו רבותינו זיכרונם לברכה [חולין ה א] - כי העובד עבודת כוכבים או המחלל שבת בפרהסיא הוא כופר לכל התורה כולה, ושחיטתו נבילה, ואוסר את היין במגעו:

**קמג. המדרגה העשירית** חומר העבירות אשר אין לעושיהן חלק לעולם הבא. היצורים כולם נבראו לכבוד השם יתברך, שנאמר [ישעיהו מג ז] - כל הנקרא בשמי ולכבודי בראתיו יצרתיו אף עשיתיו. אכן נודע מן השכל כי המחלל את השם ובוזה דברו

אבדה תקוותו, כי לא רב לו אשר לא יקים מה שנדרש ממנו מעיקר יצירתו לכבד את השם ולקדשו, אבל שלח ידיו לעשות התמורה וההפך ולחלל את שם קדשו, וכן כתוב [במדבר טו ל-לא] - והנפש אשר תעשה ביד רמה, את ה' הוא מגדף, ונכרתה הנפש ההיא מקרב עמה. כי דבר ה' בזה ואת מצותו הפר, הכרת תכרת הנפש ההיא עונה בה. כי לא יכפר המוות עליו, ואין לו חלק לעולם הבא. על כן הזכיר בעניין הזה עוונה בה, כי לא זכר כן בשאר כריתות, ופירוש והנפש אשר תעשה ביד רמה, כגון העושה עבירות ידועות לבני אדם בפרהסיא, וכן הפורק עול מלכות שמים ואפילו בסתר, כי גם הוא עושה ביד רמה. ועניין הפורק עול כגון הכופר לאכול נבילות, או לאכול חלב ודם, או לחלל יום טוב, ואף על פי שאינו עובר על שאר המצות, אחרי אשר הסיר מעליו עול אזהרה אחת, כבר מרד בשם יתעלה, אמנם כי גם פעמים הצדיקים נכשלים בחטא אחד, אבל אין זה בלתי על דרך מקרה, בהתגבר עליו היצר, ונפשו מרה לו על הדבר, ונזהר ממנו אחרי כן, אבל האומר בלבבו לפרוק מעליו עול אזהרה אחת כל עת אשר יתאווה לעבור הוא הנקרא כופר לדבר אחד. וכבר הקדמנו לבאר זה בשער הראשון משערי התשובה, ואמרו זיכרונם לברכה [עבודה זרה כו א] - כי הרועים לא מעלים אותם מן הבור ולא מורדים אותם לבור. ועניין הרועים, אנשים ירעו בהמתם בשדות אחרים פורקים מעליהם עול אזהרת הגזל, ועניינם כעניין כופר לאכול נבילות, או לאחד משאר עבירות לתאבון. אבל המינים והאפיקורסים מורידים אותם לבור, והכופר לאכול נבלות להכעיס, הרי הוא כאפיקורוס, ועניין להכעיס שאיננו חוטא לתאוות מאכל תאוה. כי גם בהיות לפניו בשר שחוט, ייקח מן הנבלה, כי הוא מורד ואיננו מקבל על נפשו להישמר מאיסור נבלה:

**קמד.** הנה ביארנו עניין והנפש אשר תעשה ביד רמה, עתה נבאר כי דבר ה' בזה. אמרו רבותינו זיכרונם לברכה [סנהדרין צט א] - כי דבר ה' בזה ואת מצותו הפר, זה האומר אין תורה מן השמים. והמגלה פנים בתורה, והמבזה תלמידי חכמים. והמבזה את

המועדות, כי אף על פי שיש בידו תורה ומעשים טובים, אין לו חלק לעולם הבא:

**קמה.** ופירוש המגלה פנים בתורה, האיש אשר העיז פניו לדבר על התורה דברים אשר לא כן, ואומר חינם נכתבו בתורה אלה מהפסוקים וספירות העניינים האלה. ומגאוותו וגאונו אומר בליבו, כי אחר שאין ידו משגת לבוא עד תכונת טעם הדברים, כי אין סתר למו, ונאמר [דברים לב מז] - כי לא דבר ריק הוא מכם. ואמרו רבותינו זיכרונם לברכה [ירושלמי כתובות ח יא] - אם רק הוא מכם. שאינכם יודעים לפרש טעם הדבר, וכן כל העוזב דבר אחד מדברי התורה ולא יודה עליו, הנה זה מגלה פנים בתורה, כגון האומר מה הועילו אצלנו לומדי התורה, אם חכמו חכמו לנפשם ולא נחלה לנו בשכרם, והנה כחשו במה שכתוב בתורה [בראשית יח כו] - ונשאתי לכל המקום בעבורם:

**קמו.** ועניין המבזה את המועדות, שעושה מלאכה בחולו של מועד, וביזה אל העונש מפני שאין איסור מלאכת חולו של מועד מפורש בתורה, וזהו על דרך כופר לדבר אחד להכעיס, אשר ביארנו כבר כי אין לו חלק לעולם הבא. ואמרו רבותינו זיכרונם לברכה [בכורות ל ב] - הרי שבא להתגייר ואמר הרי אני מקבל עלי כל התורה חוץ מדבר אחד מדברי סופרים אין מקבלין אותו. ואמרו זיכרונם לברכה [מכות כג א] - מבזה את המועדות, כאילו עובד עבודת כוכבים, שנאמר [שמות לד יז] - את חג המצות תשמור. וסמוך לו אלה"י מסכה לא תעשה לך. ופירשו זיכרונם לברכה [חגיגה יח א] - את חג המצות תשמור שלא תעשה מלאכה בכל חג המצות. והזהרנו בזה על מלאכת חולו של מועד, ומה שכתוב ביום הראשון שבתון וביום השביעי שבתון, כי יש מלאכות רבות שהן מותרות בחולו של מועד, כמו שהן מפורשות בדבריהם ז"ל:

**קמז.** וזה שאמרו זיכרונם לברכה [סנהדרין צט ב] - כי המבזה תלמידי חכמים הוא בוזה דבר ה' ואין לו חלק לעולם הבא. יש לדבר שרש בשכל ועיקר במחקר, והנה אנחנו מציעים לעניין טוב

טעם ודעת, אמר שלמה המלך עליו השלום [משלי ג לה] - כבוד חכמים ינחלו וכסלים מרים קלון. עניין קלון איש קלון, וכן [תהלים קט ד] - ואני תפלה. איש תפלה, [ירמיהו ט ה] - שבתך בתוך מרמה בתוך אנשי מרמה. פירושו האיש הנקלה והנבלה מרים כסילים ומכבד ומשבח אותם, כי יש בכבוד החכמים והישרים תועלות גדולות, וכבוד הכסילים והרשעים מכשולים רבים ועצומים, כי בהתהדר החכמים ובתתם עליונים, דבריהם נשמעים, וילוו עליהם העם כלו וידמו למו עצתם. **והשנית** בראת בני אדם את כל כבודם ילמדו לקח לנחול כבוד ותרבה הדעת, ואמרו רבותינו זיכרונם לברכה [פסחים נ ב] - לעולם יעסוק אדם בתורה ואפילו שלא לשמה כי מתוך שלא לשמה בא לשמה. **והשלישית** רבים מישני לבבות יעורו משנתם בראותם הדר כבוד התורה, ויכירו מעלתה, ויבוא חשקה בלבבם, ויהיה עסקם בה לשם יתעלה ולעבדו בלבב שלם:

**קמח.** הנה אלה טעמים נכבדים חזקים כראי מוצק, ויש עוד טעם נכבד עולה על כולם ואליו רמזנו בפתח דברינו בעניין הכתות הרעות הנזכרות, כי הדבר ידוע אשר מדרכי קידוש השם יתברך, להודיע בכל מבטא שפתים, וכל אשר ירמזון עיניים, ובכל הנהגה ופועל ידים, כי יסוד לנפש האדם וצבי עדיו והטוב והעיקר והתועלת והיקר אשר בו, עבודת השם יתברך ויראתו ותורתו, כמו שכתוב [קהלת יב יג] - כי זה כל האדם. ודבר זה כבוד השם יתברך, והמבזים לתלמיד חגם ויראתו מבטלים הידיעה הזאת ומראים ההפך בהנהגתם, וכאילו אומרים אומר כי אין העבודה עיקר, וכי שרש דבר נמצא מבלתי עבודת השם יתברך, והם מחללים את התורה, על כן יאבדו מתוך הקהל, ויכלו בפיהם, כי הם עובדים את ה' מבלי עסק התורה. הלא הדבר ידוע כי אין העבודה מתקיים בלתי על ידי לומדי התורה אשר יהגו בה יומם ולילה, כי הם יורו דעה ויודעי בינה לעתים לדעת מה יעשה ישראל, והם יעמידוה בישראל לבלתי תשכח מפי זרעם, ובמקום שאין עוסקי התורה ירבו המכשולים וישר באדם אין, על כן יכבדו עבדי השם יתברך את חכמי התורה לכבוד השם יתברך,

ולהודיע כי עבודתו לבדה עיקר הנמצא, ואחרי אשר התברר שהכל ברא השם יתברך לכבודו, חייב האדם לשום לבו בכל עת לכבד את ה' ולקדשו בכל דבריו, ולרוממו להודות לו ולברכו תמיד כמו שנאמר [תהלים לד ב] - אברכה את ה' בכל עת תמיד תהלתו בפי. וכאשר יתייצב בתוך העם וידבר עם חביריו, יתבונן בינה וידקדק וישגיח בכל מוצא שפתיו, לקדש את ה' בדבריו, ולדבר בשבח עבודתו ותהלת יראתו, ולשבח עבדיו ויראיו, ויזכה בזה בהגיון לבו ומבטא שפתיו בלא יגיעה ופועל כפים, זכות גדולה עד שמים, כי זה מעיקרי יצירת האדם. ונאמר [משלי כז כא] - מצרף לכסף וכור לזהב ואיש לפי מהללו. ופירוש מעלות האדם לפי מה שיהלל, אם הוא משבח המעשים הטובים והחכמים והצדיקים תדע ובחנת כי איש טוב הוא ושרש הצדק נמצא בו, כי לא ימצא את לבו לשבח את הטוב והטובים תמיד בכל דבריו, ולגנות העבירות ולהבזות בעליהן, מבלי מאוס ברע ובחור בטוב, ואם יתכן כי יש בידו עונות נסתרים, אבל מאוהבי הצדק הוא, ולו שרש בבחירה והוא מעדת מכבדי ה', והמשבח מעשים מגונים או מהלל רשעים, הוא הרשע הגמור, והמחלל את עבודת השם יתברך:

**קמט.** עוד אמר שלמה המלך עליו השלום [משלי כה כו-כז] - מעין נרפש ומקור משחת צדיק מט לפני רשע. אכול דבש הרבות לא טוב וחקר כבודם כבוד. כי כאשר ירפש האדם את המעין ברגליו, ידלה מימיו לפי שעה. אחרי כן ישקטו המים ויהיו צלולים כבראשונה. כן הצדיק כאשר הוא מט לפני רשע לא תושפל מעלתו ולא תמעט בעבור זאת, ואם הוא עכור לפי שעה - שבע ייפול צדיק וקם וישוב לאיתנו וכבודו. אכול דבש הרבות לא טוב. אבל הרבות החקר בכבוד צדיקים כבוד החוקר. כי נזכר הצדיק בפסוק שלמעלה. ומלת הרבות נמשכת לחקר כבודם, כמשפט במקומות הרבים. והמכשלות הנמצאים בכבוד הרשעים רבים וידועים. כי יש בכבודם חלול התורה והעבודה. והוא עון המכלה מנפש ועד בשר:

**קנ.** והשנית, כי רבים נמשכים אחריהם ואוחזים מעשיהם:

**קנא.** והשלישית, כי המתחברים להם אף על פי שאינם עושים כמעשיהם מקבלים פורעניות כיוצא בהם, כאשר זכרנו כבר:
**קנב.** והרביעית, כי הם מכניעים כבוד אנשי אמת, ומבטלים העבודה, ואין הצלחה לכבוד הצדיקים זולתי אחרי השפלת כבודם, כמו שכתוב [משלי יד יא] - בית רשעים ישמד ואהל ישרים יפריח. ונאמר [משלי יא יא] - בברכת ישרים תרום קרת ובפי רשעים תיהרס:

**קנג.** עוד אמרו רבותינו זיכרונם לברכה [ברכות כד ב] - כי יש בכלל מה שכתוב כי דבר ה' בזה המדבר בדברי תורה במבואות המטונפות. וכל שאפשר לו לעסוק בתורה ואינו עוסק, והקורא בספרי מינין, ומה שכתוב ואת מצותו הפר זה המפר ברית בשר:

**קנד.** עוד שנינו [סנהדרין צט א] - כל ישראל יש להם חלק לעולם הבא, שנאמר [ישעיהו ס כא] - ועמך כולם צדיקים לעולם יירשו ארץ, ואלו שאין להם חלק לעולם הבא, האומר אין תחית המתים מן התורה, ואין תורה מן השמים, והאפיקורוס. והזהירונו רבותינו זיכרונם לברכה במאמר הזה להאמין כי נכתבה אמונת תחיית המתים בתורה, וכי היא אחת מעיקריה. ואחד מן המקומות שנתפרשה בהן תחיית המתים בתורה, שנאמר [דברים לב לט] - אני אמית ואחיה מחצתי ואני ארפא. ואמרו רבותינו זיכרונם לברכה [פסחים צ א] - יכול מיתה באחד ותחייה באחד, תלמוד לומר - מחצתי ואני ארפא, כשם שהמחץ והרפואה באחד, כך מיתה ותחייה באחד:

**קנה.** ועניין האפיקורס, פירשו בו זיכרונם לברכה [סנהדרין צט ב] - כי הוא האיש אשר איננו נוהג בדרך מורא והידור בתלמידי חכמים, אף על פי שאינו מבזה אותם, כגון שהוא מבזה חבירו בפני תלמיד חכם, ולא שם כבוד לתורת החכם, כי אחרי שאין התורה הדורה בעיניו לנהוג בה דרך כבוד אין לו חלק לעולם

הבא, כי גם זה במחללי התורה יחשב, על כן אמרו רבותינו זיכרונם לברכה [פסחים כב ב] [דברים ו יג] - את ה' אלהי"ך תירא, לרבות תלמיד חכם:

**קנו.** והשנית, כי היראה מהם סיבה ליראת שמים, כי בהיות דבריהם נשמעים מדרך יראתם, הלא הם יורו וידריכו את העם ליראה את השם הנכבד והנורא, ונאמר [שמואל-א יב יח] - וייראו כל העם מאד את ה' ואת שמואל. וכן בכלל אפיקורס האומר מה הועילו לו הלומדים בלימודם, היש דבר שיאמר ראה זה חדש הוא, מעולם לא התירו לנו את כל עורב ולא אסרו לנו בני יונה, ואלה האנשים גם לא ידעו גם לא שמעו גם לא פתחה אזנם על תועלות הנמצאות בעסק התורה, וכתבנו מקצתם בשער התורה בע"ה, למען ייכספו הלבבות לתורה, ואשר אין כח בהם ללמוד ידעו הדר כבוד עסק התורה, ויזכו בידיעתו, ולא תאבד נפשם מן העולם הבא:

**קנז.** וכן בכלל האפיקורס הקורא לרבו בשמו, ואמרו כי סיבת מה שנענש גחזי מפני שקרא לרבו בשמו, שנאמר [מלאכים-ב ח ה] - זאת האשה וזה בנה אשר החיה אלישע:

**קנח.** והנה עיקר כל העונשים הנזכרים במדרגה הזאת, מפני חילול התורה, ואמרו רבותינו זיכרונם לברכה [ירושלמי נדרים ג יד] - כי עוון חילול גדול מכל העבירות, ולא יתכן להתכפר בתשובה ויסורין, כאשר יתבאר בשער החילוקי הכפרה. ואמרו רבותינו זיכרונם לברכה [קדושין מ א] - אין מאריכין בפורענות לעונש חילול השם אחד שוגג ואחד מזיד. ועתה עמוד והתבונן גודל חיובנו לקדש את השם כי עיקר מה שיקדשנו השם יתברך בתורתו ובמצותיו והבדילנו להיות לו לעם, כדי לקדשו וליראה ממנו, ראוי שיהיו מקדישיו קדושים, בשגם הכלים שעובדים לפני השם יתברך צריכים להיות קודש, כמו שנאמר [ויקרא כב לב] - ולא תחללו את שם קדשי ונקדשתי בתוך בני ישראל אני ה' מקדשכם. שים לכך להבין כי העניין שאמרנו מפורש במקרא

הזה, ונאמר [תהלים קיא ט] - צוה לעולם בריתו קדוש ונורא שמו. פירושו בעבור כי קדוש ונורא שמו צוה לעולם בריתו, וקדשנו במצותיו לקדשו וליראה ממנו על כן כתוב אחריו [תהלים קיא י] - ראשית חכמה יראת ה' שכל טוב וגו'. ועל ידי קדושת המצות נחשב בהקדישנו את השם יתברך עם הקדושים העליונים שמקדישים ומעריצים אותו, כמו שנאמר [תהלים פט ח] - אל נערץ בסוד קדושים רבה וגו':

**קנט.** עוד יש כיתות שאין להם חלק לעולם הבא, והם כת אויבי השם יתברך, וכת המחבלים כרם השם, וכת הנותנים חתיתם בארץ חיים, והנה אנחנו מציעים עניינם, והראיות על ענשם מפורש בתורה, כי כת אויבי השם יאבדו מן העולם הבא, שנאמר [דברים ז י] - ומשלם לשונאיו אל פניו להאבידו לא יאחר לשונאו אל פניו ישלם לו. פירושו משלם לשונאיו שכר המצות שהם עושים בעולם הזה, להאבידם מן העולם הבא. ותרגומו ומשלם לשונאהו טבן דינון עבדין קדמוי בחייהון לאובידיהון. ואמר דוד [תהלים לז כ] - כי רשעים יאבדו ואויבי ה' כיקר כרים כלו בעשן כלו. הזכיר על הרשעים לשון אבדה, כי יאמר על הצער והגלות, כעניין שנאמר [ישעיהו כז יג] - האובדים בארץ אשור והנדחים וגו'. [ירמיהו נ ו] - צאן אובדות היו עמי. [תהלים קיט קעט] - תעיתי כשה אובד. ויאמר על המות, כעניין שנאמר [תהלים קיט צב] - אז אבדתי בעניי. [אסתר ח ו] - באבדן מולדתי. [ויקרא כג ל] - והאבדתי את הנפש ההיא. ענינו הכרת מן העולם הזה, כי הרשעים יענשו בצרות ויסורין או במות, וכן יענשו במשפט על מעשיהם בעולם הבא, ולקץ ולזמן, אבל אויבי ה' המשילם לחלבי הכשבים ושמנם שהוא נתך באש וכלה בעשן, ולא המשילם לבשר הכרים, כי יעשה גחלת ויישאר האפר, על כן אמר כלו בעשן כלו כאשר חלבי הכרים כלים בעשן, כך יכלו אויבי השם, כי תכלה נפשם ותאבד מן העולם הבא, ונאמר [שמות כ ה] - פוקד עון אבות על בנים על שלשים ועל רבעים לשנאי:

**קס.** ועניין שונאי השם, נמצא לפעמים גם באנשים שהם עושים

המצות ונזהרים מכל עבירה במעשה ובלשון, אם נפשם רעה ובקרב לבם יקשה להם כאשר חבריהם עוסקים בתורה, וירע בעיניהם בהיות בני אדם עובדים את ה' ויראים מלפניו, כאשר תאמר על האיש אשר לא יחפוץ שיכבדו בני אדם את המלך ושיעבדוהו, כי הוא שונא את המלך, כל שכן אם הוציאו מחשבתם אל הפועל, שהם מניאים את לב בני אדם מעסק התורה ומן המצוות, כי הם שונאי ה', וכן האנשים אשר עינם צרה בכבוד תלמידי חכמים הישרים והצדיקים ושונאים עטרת תפארתם, או ירע לבבם אם עדיהם תאתה ובאה ממשלת הדור, וכן כתוב [שמואל-א ח ז] - כי לא אותך מאסו כי אם אותי מאסו ממלוך עליהם. וכל שכן אם יבקשו כבודם לכלימה או ישפילו, וכן אם יאהבון כבוד הרשעים ומשלם על עפר, כי אלה באמת שונאי השם. ואין רצונם בניקיון עבודתו, ולא יחפצו בהדרת קודש יראתו ואשר ירבון מאד עבדיו ויראיו:

**קסא.** וכן כת המחבלים כרם ה', כמו מחטיאי הרבים, הנה הם שונאי השם, כאשר תאמר כי האנשים המשחיתים ערי המלך או כרמיו ופרדסיו כי הם שונאי המלך ונאמר [ישעיהו ה ז] - כי כרם ה' צבאות בית ישראל ואיש יהודה נטע שעשועיו. ונאמר [תהלים פג ד] - על עמך יערימו סוד ויתיעצו על צפוניך. ונאמר [תהלים פג ו] - כי נועצו לב יחדיו עליך ברית יכרותו. ונאמר [תהלים ב ב] - ורוזנים נוסדו יחד על ה' ועל משיחו. על כן אמרו רבותינו זיכרונם לברכה כי אותן שחטאו והחטיאו את הרבים יורדין לגיהנם, ונדונין שם לדורי דורות:

**קסב.** וכת הנותנים חתיתם בארץ החיים דבר עליהם יחזקאל עליו השלום [יחזקאל לב כד] - אשר נתנו חתיתם בארץ החיים וגו', ותהי עונותם על עצמותם. למדנו מזה כי לא יכפר עליהם המות, אכן עד עולם עוינותם על עצמותם. ואמרו רבותינו זיכרונם לברכה [ראש השנה יז א] - המינין והאפיקורסין, ושכפרו בתחיית המתים, שפירשו מדרכי צבור, ושנתנו חתיתם בארץ החיים כגון הפרנסים המטילים אימה יתירה על הצבור שלא לשם שמים,

ושחטאו ושהחטיאו את הרבים כגון ירבעם בן נבט וחביריו, יורדין לגיהנם ונידונין בה לדורי דורות. שנאמר [ישעיהו סו כד] - ויצאו וראו בפגרי האנשים הפושעים בי כי תולעתם לא תמות וגו':

**קסג.** ועונש הנותנים חתיתם בארץ חיים מחמשה הפנים, השנים מצד עצמו והשלשה מצד העם, השניים שהם מצד עצמו **האחד** - כי האנוש רמה ותולעה, וכן נקרא גם עוד בחיים חיותו. ולא דיו שלא ישח ולא ישפל, כי ישתרר גם השתרר שלא לשם שמים, וגם במחשבת הגאוה מבלי השתרר נפסד האדם, שנאמר [משלי טז ה] - תועבת ה' כל גבה לב:

**קסד. והשני** - כי האדם חייב להכין מערכי לב בכל עת, להשכין בליבו אימה ויראה מעל פני השם יתברך, ועל הרשעים נאמר [ירמיהו ה עד] - ולא אמרו בלבבם נירא נא את ה' אלהינ"ו. והאיש הנותן חתיתו בארץ חיים שלא לשם שמים, אין בליבו אימה מלפני השם, ורוצה להטיל אימתו על בריותיו, ותחת שיש לו לערוך מחשבות להשכין אימת השם בליבו, הוא עורך אותם להטיל אימת עצמו על העם השם יתברך, ונאמר [שמואל-ב כג ג] - מושל באדם צדיק מושל יראת אלהי"ם. פירוש ראוי להיות מושל באדם צדיק שהוא מושל יראת אלהי"ם, כי אחר שהוא ירא את השם יתברך ראוי לעמו שייראו מלפניו:

**קסה.** והשלשה פנים שהם מצד העם, **האחד** - כי הוא מצער הציבור בהטלת אימתו, ונאמר [ויקרא כה יז] - לא תונו איש את עמיתו. והוא על עניין הצער בדברים כאשר ביארנו כבר:

**קסו. והשני** - כי כמה מכשולים באים בסיבת הטלת אימה, כמו שאמרו רבותינו זיכרונם לברכה לעולם [גיטין ז א] - אל יטיל אדם באימה יתירה בתוך ביתו שהרי פילגש בגבעה הטיל עליה בעלה אימה יתירה והפילה כמה רבבות מישראל:

**קסז. והשלישי** - כי עם הקדוש שהם עובדי השם יתברך, אין להם להיכנע לבשר ודם, ואינו מן הראוי להיות מורא בשר ודם עליהם אלא לשם שמים, שנאמר [ויקרא כה נה] - כי לי בני ישראל עבדים, עבדי הם ולא עבדים לעבדים. ונאמר [שמות יט ו] - ואתם תהיו לי ממלכת כהנים וגוי קדוש. לשון כהנים - אדונים ושרים. וכמוהו [שמואל-ב ח יח] - ובני דוד כהנים היו. וכל העם נקראו ממלכה, מלשון [מלכים-א יח ח] אם יש גוי וממלכה. [ישעיהו ס יב] - כי הגוי והממלכה. פירושו אתם תהיו לי ממלכה שכולה שרים, שלא יהיה עליכם עול בשר ודם, ונאמר [ישעיהו נא יב] - מי את ותיראי מאנוש ימות. ונאמר [ישעיהו נא ז] - אל תיראו חרפת אנוש. ואמרו רבותינו זיכרונם לברכה [סוטה מז ב] - משרבו האומרים לרע טוב ולטוב רע פרקו מעליהם עול שמים והושלך עליהם עול בשר ודם. ואמר דוד המלך עליו השלום [תהלים ט כ-כא] - קומה ה' אל יעוז אנוש ישפטו גוים על פניך, שיתה ה' מורה להם ידעו גוים אנוש המה סלה. למדנו מזה כי עת אשר יעוז אנוש אינו מכיר שהוא אנוש, כי אין שררה ראויה לאנוש זולתי לשם שמים:

**קסח.** ועתה נפרש עניין עונש הפורשים מדרכי צבור, וכי הוא נכלל בעונשי הכתות שהקדמנו, בהתאסף ראשי עם וקהלות הקודש לעבוד את השם יתברך, ומסכימים הסכמות להעמיד להם מצוה, הנה הם מקדישים את השם יתגדל ויתקדש, שנאמר [דברים לג ה] - ויהי בישורון מלך בהתאסף ראשי עם יחד שבטי ישראל. ונאמר [תהלים טז י] - נדיבי עמים נאספו עם אלה"י אברהם כי לאלהי"ם מגיני ארץ מאד נעלה. נקראו ישראל עמים מפני שהם שנים עשר שבטים, כעניין שנאמר [דברים לג יט] - עמים הר יקראו. והם עם אחד לעבוד את השם, על כן אמר עם אלה"י אברהם, והמלכים והשרים נקראו מגינים, מלשון [ישעיהו כא ה] - משחו מגן. פירושו נדיבי עמים נאספו לעבוד את השם יתעלה, כי מלכיהם ושריהם לאלהי"ם, שהם עבדיו ואמוניו, כעניין שנאמר [תהלים פט יט] - כי לה' מגננו ולקדוש ישראל מלכנו. מאד נעלה, שהקדוש ברוך הוא מתעלה ומתהלל בעולמו באסיפתם ועבודתם, והאיש הפורש מדרכי הצבור הנה הוא כמקטרג על הסכמת

עבודת ה', וכיוצא מכלל המקדשים את השם, ומראה עצמו כי לא יחפוץ להיות בסודם ולהיכתב בכתבם, הנה הוא מחלל את העבודה והוא בכלל הכתות שזכרנו שהם בוזים דבר השם ואין להם חלק לעולם הבא. והשנית כי הם מניאים לב חולשי הידיעות בפרישתם מדרכי הצבור והנם מן המחטיאים את הרבים:

**קסט.** עתה נפרש עניין כת עוזבי ה', ונאמר כי הם האנשים שאין עליהם עול יראת שמים והם מקיימין את המצות מצות אנשים מלומדה, וכאשר יתגבר היצר על האיש ההוא ועליו חלף רוח ויעבור ואשם, לא ייאנח ולא ידאג לחטאו, אכל ומחה פיו והוא בעיניו כאלו לא פעל און, כעניין שנאמר [תהלים לו ב] - נאם פשע לרשע בקרב לבי אין פחד אלהי"ם לנגד עיניו:

**קע.** ויש מן הכת הרעה ההיא, כי לא רב להם אשר לא לבשו חרדות, כי חלפו חק ועדות, אבל יהללו ויברכו נפשם במלאותם תאוותם, והם המכעיסים והמנאצים לפני השם שנאמר [תהלים י ג] - כי הלל רשע על תאות נפשו ובוצע ברך נאץ ה'. ודבר ישעיהו עליו השלום על אבדן הכת ההיא שנאמר [ישעיהו א כח] - ושבר פושעים וחטאים יחדיו ועוזבי ה' יכלו. המשיל המורדים והחוטאים לכלי הנשבר שיש שארית, ואמר כי עוזבי השם יכלו שאין להם חלק לעולם הבא, כעניין שנאמר [מלאכי ג יט] - אשר לא יעזוב להם שרש וענף:

**קעא.** ואבדן הכתות הנזכרות. בזמן שלא עשו תשובה, אבל אם שבו מדרכיהם הרעים נמלטה נפשם מן האבדון, כעניין שנאמר [ירמיהו ג כב] - שובו בנים שובבים ארפא משובתיכם:

**קעב.** ביאור דברי עונות ארבע כתות, אמרו רבותינו זיכרונם לברכה [סוטה מב א] - ארבע כתות אין מקבלים פני השכינה, כת ליצנים, כת שקרים, כת חנפים, כת מספרי לשון הרע. כתב ליצנים דכתיב [הושע ז ה] - משך ידו את לוצצים. כת שקרים דכתיב [תהלים קא ז] - דובר שקרים לא יכון לנגד עיני. כת חנפים

דכתיב [איוב יג טז] - כי לא לפניו חנף יבא. כת מספרי לשן הרע דכתיב [תהלים ה ה] - כי לא אל חפץ רשע אתה לא יגורך רע:

**קעג.** עתה נאזין עד תכונת ענייניהם, ותכונת אופניהם, להשכילך בינת מבחר עמקיהם, ונחלק אותם לחלקיהם, ונחשוף סוף חומר עונשי עלילות נגעלות, ותשיג במערכי החלקים הרבה תועלות, כי אולי טרם עמידת על דברינו לא בחנת טוב טעם כובד פשע כל חלק מחליקיהם, וחזות קשה וחומר העונש אשר בכל אחד מהם לא חזית, ואולי קצהו ראית וכולו לא ראית, וכל חלק אשר נסדר ראשון הוא חמור מן השני, ומתוך דברינו גם בחלקים הקלים אשר נזכיר תכיר בלהות צלמות, ותדע כי אחריתם דרכי מות, ואולי מאז לא פתחה אזנך, והיו כמו דרך ישר לפניך, ועתה כי נכתוב עליהם מרורותם, תביא מגורתם ברעיונך, גם יבואו חדרי רוחך, המסורים הנכונים, בראותך כי אעידה לי עדים נאמנים, השכל והמקראות, ודברי חכמים וחדותם הנפלאות, והיו לעד ולאות, ובזה האמת אליך יבחן, ויערה עליך ממרום רוח חן, ובערת המידות הרעות מקרבך, ויתמוך דברים נברים ליבך:

**קעד.** וזה דבר כת לצים. נחלק הליצנות על ארבעת חלקים:

**והחלק הראשון** - איש לשון הנותן דופי בבני אדם. כעניין שנאמר [תהלים נ כ] - תשב באחיך תדבר בבן אמך תתן דופי. ונקרא לץ שנאמר [משלי כא כד] - זר יהיר לץ שמו עושה בעברת זדון. פירושו, שתי המידות הרעות שהם הזדון והגאוה נקבצו ונתחברו באדם הלץ, כי מבלי היות לו תועלת בדבר הוא גורם נזק עצום לחבריו אשר יבאיש את ריחם בעיני האדם, וזה תכלית זדון יותר מן הגוזל והחומס שעושה להרבות לו ממון, וגם הוא יהיר, כי השפל והנכנע כאשר יכיר מגרעת עצמו ומומיו לא יתלוצץ על בני אדם, ואמרו רבותינו זיכרונם לברכה [תענית ח א] - לעתיד לבא מתקבצות כל החיות אצל הנחש ואומרות לו ארי דורס ואוכל, זאב טורף ואוכל, אתה מה נאה יש לך, אמר להם ומה יתרון לבעל הלשון, שנאמר [קהלת י יא] - אם ישוך הנחש

בלא לחש ואין יתרון לבעל הלשון. וזה החלק גם הוא מחלקי כת מספרי לשון הרע:

**קעה. החלק השני** - מי שלועג לבני אדם כי יבוז להם בליבו לקוצר השגתם במעלות, או בהצלחות הזמן, בכבוד ובשררה, או יבוז אותם לעניים ורשים, והגאוה הבאתו אל המידה הזאת או רב השלוה והתענוג, כעניין שנאמר [תהלים קכג ד] - רבת שבעה לה נפשנו הלעג השאננים הבוז לגאי יונים. ופעמים ילעיג הלץ על הקדושים והנביאים, כעניין שנאמר [ירמיהו כ ז] - כלו לועג לי. ואמר שלמה המלך עליו השלום [משלי יד כא] - בז לרעהו חוטא. עוד נאמר [משלי יא יב] - בז לרעהו חסר לב ונאמר [משלי יז ה] - לועג לרש חרף עושהו שמח לאיד לא ינקה. פירוש לועג לרש הראה את נפשו כי תדמה, אשר ההצלחות ביד בני אדם השג ישיגון אותן בחכמתם, כעניין שנאמר [דברים ח יז] - ואמרת בלבבך כחי ועצם ידי עשה לי את החיל הזה. ונאמר [ישעיהו י יג] - כי אשר אמר בכח ידי עשיתי ובחכמתי כי נבונותי. ובעבור זה לועג לרש כי יאמר בלבבו שלא השיג לעושר מחוסר דעתו ושפלות ידיו. והנה חרף עושה הרש והעשיר כי הכל מאת השם יתברך, כעניין שנאמר [משלי כב ב] - עשיר ורש נפגשו עושה כלם ה'. ועל השמח לאיד אמר לא ינקה, כי אף על פי שלא הזיק במעשה ולא בדבור לא ינקה, אך אין רעת השמח לאיד משגת לרעת הלועג, ומפני כי הליצנות בסבת הגאוה שהיא הפך הענוה, אמר שלמה המלך עליו השלום [משלי ג לד] - אם ללצים הוא יליץ ולענוים יתן חן. פירושו אם ללצים, באמת הלצים הלועגים לבני אדם, השם יתברך ילעג להם, כעניין שנאמר [תהלים ב ד] - יושב בשמים ישחק ה' ילעג למו. ולשון אם לאמת הדבר, וכן [במדבר כד כב] - כי אם יהיה לבער קין. [משלי כג יח] - כי אם יש אחרית:

**קעו. החלק השלישי** - מי שלועג תמיד לדברים ולפועלות ואין דעתו להבזות בעליהן, אך מרחיק הדברים שאין להרחיקם ומרחיק תועלת הפועלות שיש תקוה לתועלתם, ועל זה נאמר [משלי יג יג] - בז לדבר יחבל לו. ואמרו [פרקי אבות ד ג] - אל תהי בז

לכל אדם ואל תהי מפליג לכל דבר שאין לך אדם שאין לו שעה ואין לך דבר שאין לו מקום. והלץ הזה הביאהו למידתו הרעה היותו חכם בעיניו, ופעמים שהביאה מידה הזאת את האדם לידי מינות להלעיג על המצות, כעניין שנאמר [תהלים קיט נא] - זדים הליצוני עד מאד מתורתך לא נטיתי. והחלק השלישי הזה היא הכת שאינו מקבלת תוכחת, שנאמר [משלי ט ח] - אל תוכח לץ פן ישנאך. ונאמר [משלי ט ז] - יוסר לץ לוקה לו קלון, ונאמר [משלי יט כה] - לץ תכה ופתי יערים. והגורם אל הכת הזאת לבלתי שמוע מוסר, מפני שהמידה המביאה אל הלץ הזה היא מידת היות האדם חכם בעיניו, וכל כך משלה בו המידה הזאת עד שיתלוצץ לדעת זולתו, והיא המידה שאין לה תקוה שנאמר [משלי כו יב] - ראית איש חכם בעיניו תקוה לכסיל ממנו:

**קעז. החלק הרביעי** - הקובע עצמו תמיד לשיחה בטלה ודברים בטלים כדרך יושבי קרנות, ושתים רעות יש בדבר:

**האחת** כי כל המרבה דברים מביא חטא.

**והשנית** כי הוא בטל מדברי התורה.

ויש בדבר הזה דרכי מות, כי איך לא זכר ולא שם על לבו, כי בעתים ההם אשר הוא משחיתם, יוכל להשיג הנעימות לקנות חיי עולם, אם יקבע העיתים המזומנים לתורה, אשר הוא פנוי בהן ממלאכתו ועסקיו, אין זה כי אם בזות ליבו את המצות ואת שכר העולם הבא, ומלבד אשר איבד טובה הרבה, יישא את עוונו, כי אשמת הביטול מן התורה בעת היכולת לעסוק בה, אש היא עד אבדון תאכל, כאשר אמרו [במדבר טו לא] - כי דבר ה' בזה. כל שאפשר לו לעסוק בתורה ואינו עוסק, כאשר הקדמנו לך, על כן ייענש לשאת עול הייסורים מידה כנגד מידה, שנאמר [ישעיהו כח כב] - ועתה אל תתלוצצו פן יחזקו מוסריכם. ואמרו זיכרונם לברכה [עבודה זרה יח ב] - כל המתלוצץ יסורים באים עליו שנאמר [ישעיהו כח כב] - פן יחזקו מוסריכם. והחכמים היו מזהירים

לתלמידיהם שלא להתלוצץ גם על דרך מקרה ועראי, ועל החלק הזה הוצרכו להזהיר כי רבים יכשלו בו על דרך מקרה:

**החלק החמישי** - המתלוצץ בדבר שפתים על המעשים והדברים, לא שיבוז להם בליבו, אך מדרך השמחים ללא דבר, ולא כחק השחוק, ופעמים שגורם לזה משתה הלין והשכרות, שנאמר [משלי כ א] - לץ הלין המה שכר וכל שגה בו לא לחכם. פרוש, לץ איש היין, הומה איש שכר, כל שגה בו לא לחכם, כמו [תהלים קט ה] - ואני תפלה. איש תפלה, ורוצה לומר, כי משתה היין גורם לשלושה דברים רעים, האחד להיות האיש מתלוצץ. **והשני** להיות הומה ובעל דברים, ואמרו זיכרונם לברכה [פרקי אבות א יז] - וכל המרבה דברים מביא חטא. ונאמר [קהלת ה ב] וקול כסיל ברב דברים. **והשלישי** כל עשה בו לא יחכם. ודע, כי לא יהיה מנהג הליצנות קבוע בנפש האדם, עד שהוא פורק עול שמים מעליו, על כן יענש שאת עול היסורים מעול שמים מעליו. מידה כנגד מידה שאמר [ישעיה כח כב] - ועתה אל תתלוצצו פן יחזקו מוסריכם. ואמרו זכרונם לברכה [עבודה זרה יח ב] - כל המתלוצץ יסורים באים עליו, שנאמר [ישעיהו כח כב] - פן יחזקו מוסריכם. והחכמים היו מזהירים לתלמידיהם שלא להתלוצץ גם על דרך מקרה ועראי, ועל החלק הזה הצרכו להזהיר, כי רבים יכשלו בו על דרך מקרה:

**קעח.** וזה דבר כת שקרים, עניין הכת הזו נחלק לתשעה חלקים:

**החלק הראשון** - איש כזב, אשר תורה עזב, וירע וישחית במענה פיו, כמו המכחש בעמיתו בפיקדון, או בתשומת יד, או בשכר שכיר, שנאמר [ויקרא יט יא] - לא תכחשו ולא תשקרו איש בעמיתו. וכן העונה ברעהו עד שקר, ונאמר [שמות כ יג] - לא תענה ברעך עד שקר. ומן החלק הזה בכלל התרמית והאונאות במסחריים ובשותפות, ונאמר [ויקרא כה יד] - אל תונו איש את אחיו. ונאמר [תהלים נה יב] - ולא ימיש מרחובה תוך ומרמה. ונקרא איש און ונקרא בליעל, והוא כבד עוון בכתות הרשעים כאשר הקדמנו

בשערי יראת חטא, ומידות זה איש האון שהוא קורץ בעיניו ומולל באצבעותיו, כמו שנאמר [משלי ו יב] - אדם בליעל איש און וגו', קורץ בעיניו וגו':

**קעט. החלק השני** - המשקר ואין בעצם השקר נזק והפסד לחבירו, אך יתכן בו לעשותו סיבה אל הנזק ואל הרע, כמו המתעה את חברו שיאמין בו כי הוא אוהב ורע נאמן עמו, ומתכוון בזה כדי שיבטח בו, ולא ישמר ממנו ויוכל להדיח עליו רעה, כעניין שנאמר [ירמיהו ט ז] - בפיו שלום את רעהו ידבר ובקרבו ישים ארבו. ונאמר אחריו [ירמיהו ט ח] - העל אלה לא פקד בם נאם ה' אם בגוי אשר כזה לא תתנקם נפשי. ואלה שני החלקים ענשם על שני דברים. על השקר ועל הנזק הצרור בכנפיו. כי השקר מלבד צד הנזק הוא תועבת ה', שנאמר [משלי ו טז] - שש הנה שנא ה' ושבע תועבת נפשו. [משלי ו יז] - עינים רמות לשון שקר וידים שפכות דם נקי. [משלי ו יח] - לב חורש מחשבות און. ונאמר [משלי ח יג] - ופי תהפוכות שנאתי. ונאמר [איוב טו טז] - אף כי נתעב ונאלח איש שותה כמים עוולה. ואף בשר ודם נתעב השקר להם, שנאמר [משלי יב כב] - תועבת ה' שפתי שקר.

**קפ. החלק השלישי** - הבא בערמה ודברי מרמה, למנוע טוב מבעליו, להעביר הטובה אליו, לא לגזול מחבירו דבר שהוא שלו ולא לחמסו, אבל ייתן עינו בטובה העתידה לבא לידי חבירו וצודה אותה לקחתה אליו, בשקר מיליו, או יסבב בשקריו לו אשר ייתן חברו לו מתת, ועיקר ענשו על השקר, אכן יגדל עונש השקר כאשר יסבב ממנו הפסד לזולתו, אף על פי שאין עיקר העונש על ההפסד כי לא הפסיד ממנו דבר שיזכה בו, כעניין שאמרו רבותינו זיכרונם לברכה [סנהדרין צב א] - כל המחליף בדברו כאלו עובד עבודת כוכבים. שנאמר [בראשית כז יב] - אולי ימושני אבי והייתי בעיניו כמתעתע. ונאמר על עבודת כוכבים [ירמיהו י טו] - הבל המה מעשי תעתועים. ואמרו רבותינו זיכרונם לברכה [סנהדרין צב א] - כאלו עובד עבודת כוכבים. הביאו הדמיון על קצהו ואחר כי הוא נסתר ומלשון כתוב [ישעיהו כח טו] - ובשקר

נסתרנו. וכן הוא באורחות צדיקים שער השקר.

**קפא. החלק הרביעי** - המשקר בסיפור הדברים אשר שמע ומחליף קצתם במתכוון, ואין לו תועלת בשקריו ולא הפסד לזולתו, אבל כי משפטו מאהבתו שקר מדבר צדק סלה, ופעמים שהוא בודה מליבו ספור הדברים כולו, והאיש הזה יקל ענשו מצד אחד, על כי אין הפסד לאיש בשקריו ופחזותו אבל גדול מאד ענשו בעוז פניו ואהבת השקר, ויכבד עונו כי אהבהו לבלי תועלת, ואמר שלמה המלך עליו השלום [משלי ו יט] - יפיח כזבים עד שקר. פירושו אם תראה אדם אשר יפיח כזבים בשיחתו וספור דבריו, תדע כי תביאהו המידה הזאת להעיד שקר באחיו, ולענות בו סרה, אחרי אהבתו השקר, וזה החלק התירוהו לקיים מצות ודרישת טובה ושלום, ואמרו [כתבות יז א] - כי מותר לשבח הכלה לפני החתן ולאמור **שהיא נאה חסודה** אף על פי שאינה כן, ואמרו [יבמות סה ב] - מותר לשנות בדברי שלום, שנאמר [בראשית נ יז] - אביך צוה לפני מותו לאמר כה תאמרו ליוסף אנא שא נא וגו'. ויש אנשים יחליפו מקצת הדברים אשר שמעו בבלי דעת, כי לא ישיתו לבם לחקרו בעת שמעם, גם מידה זאת רעה, ואמר שלמה המלך עליו השלום [משלי כא כח] - ואיש שומע לנצח ידבר. פירוש איש נותן לב לשמוע ולהאזין עד תכונת הדברים אשר ידברו באזניו למען יספר אותם על נכון, ולא ימצא בפיו לשון תרמית לנצח ידבר, כי יאהבו בני אדם לשמוע דבריו, ולא יאמרו לו לעולם למה תדבר עוד דבריך:

**קפב. החלק החמישי** - האומר לחברו כי ייטיב עימו וייתן לו מתת, ועודנו מדבר עם לבבו ישיח שלא לתת, ונאמר [תהלים לד יד] - נצור לשונך מרע ושפתיך מדבר מרמה. ופירשו רבותינו זיכרונם לברכה [בבא מציעא מט א] - שלא ידבר אחד בפה ואחד בלב. ועוד אמרו [ירושלמי בבא מציעא ד ב] - דברים יש בה משום מחוסרי אמנה אם יחזור מדבריו. ובלבד שיהא אומר בפה וגומר בדעת:

**קפג. החלק הששי** - המבטיח את חבירו להטיב עמו ישקר דבריו וישים לאל מילתו, כי אחרי אשר אמר להטיב עמו בלשון הבטחה ובטח בו לב חברו, אין לו לחלל הבטחתו כי זה דרך שקר, והוא כאדם עבר ברית, שנאמר [צפניה ג יג] - שארית ישראל לא יעשו עולה ולא ידברו כזב ולא ימצא בפיהם לשון תרמית. וכן האומר לתת לחברו מתנה מועטה אף על פי שלא הזכיר לשון הבטחה, ואמרו רבותינו [בבא מציעא מט א] - כי יש בו משום מחוסרי אמנה. כי לב חבירו סומך עליו, ובוטח בו אחרי שהמתנה מועטות, כי נתון ייתן, ואם איש עני הוא אף על פי שהמתנה מרובה, אם יחזור בו רעתו רבה, כי נדר נדר ונאמר [במדבר ל ג] - לא יחל דברו. וכן מי שיתפאר בפני רבים לתת מתנה לאדם, והנה הוא כמתהלל על נדיבותו בזה, והנה זאת כמו הבטחה ולא נכון שישוב מדבריו אחרי שהתכבד והתהלל בדבר, כעניין שכתוב [משלי כה יד] - נשיאים ורוח וגשם אין איש מתהלל במתת שקר. פירושו כמו שיצטערו בני אדם אחרי בוא סימני הגשם, ולא בא הגשם כן עניין איש המתהלל במתת שקר, כי מה שהתהלל בדבר הוא סימן קיום הדבר, על כן יצטער האיש שאבטיחהו על המתנה בהכזיב תוחלתו:

**קפד. החלק השבעי** - מי שמתעה את חברו לאמור כי עשה עמו טובה או דיבר טוב עליו ולא עשה, אמרו רבותינו זיכרונם לברכה [חולין צד א] - אסור לגנוב דעת הבריות אפילו דעת נכרי. והנה החטא הזה חמור אצל חכמי ישראל יותר מגזל, יען וביען כי שפת שקר אשמה רבה, ותחייבנו על גדרי האמת כי הוא מיסודי הנפש:

**קפה. החלק השמיני** - מי שמשתבח במעלות שאינן נמצאות בו, אמר שלמה המלך עליו השלום [משלי יז ז] - לא נאוה לנבל שפת יתר אף כי לנדיב שפת שקר. פירוש אין לנבל להתגאות ולהתנשא במעלת אבותיו. כי אמרו במקרא שלמעלה מזה [משלי יז ו] - ותפארת בנים אבותם. אף כי אין לנדיב להתכבד בשקר, ולאמור כה עשיתי ופיזרתי ונתתי ולא כן עשה, וזה גנאי לכל אדם וכל שכן לנדיב, וגנה נדבותיו אשר עשה כי חלל נפשו על

מה שלא עשה, כי זאת תהיה לעדה כי לבו בכל צדקותיו אשר עשה אך לשם ולתהילה, ואמרו רבותינו זיכרונם לברכה [ירושלמי שביעית י ג] - כי מי שמכבדים אותו במדרגות הכבוד הראויות לתת למי שהוא יודע שתי מסכתות והוא אינו יודע זולתי אחת. עליו שיאמר להם, אחת לבדה אני יודע, כל שכן כי אסור לכזב ולהתפאר לאמור שמענו כאלה רבות:

**קפו. החלק התשעי** - בנים לא ישקרו בסיפור דברים אשר ישמעו והגדת מאורעות, אבל יחליפו דברים על אודות חפציהם מאין הפסד לאדם בדבר, אך ימצאו כמעט הנאה בשקרותם אף על פי שאינם מרוויחים ממון בכך, ואמרו רבותינו [יבמות סג א] - כי גם זה אסור הוא. שנאמר [ירמיהו ט ד] - למדו לשונם דבר שקר. אך אין ענשם כעונש המשקרים ללא דבר אשר זכרנו עניינים בחלק הרביעי. הנה אלה חלקי כת של שקרים, וכבר הקדמנו לך עיקרים, כדרכי איש אמונים, וכי המה יסודות לנפש:

**קפז.** וזה דבר כת החנפים. עניין הכת הזאת נחלק לתשעה חלקים:
**החלק הראשון** - החנף אשר הכיר או ראה או ידע כי יש עול בכף חברו וכי החזיק בתרמית, או כי חטא איש לאיש בלשון הרע או באונאת דברים, ויחליק לו לשון הרע לאמר [משלי ל כ] - לא פעלת און. המעט ממנו עוון הנמנע מן התוכחה, שנאמר [ויקרא יט יז] - הוכח תוכיח את עמיתך ולא תשא עליו חטא. ויוסף לחטוא על אמרו לא חטאת, כעניין שנאמר [ירמיהו כג יד] - וחזקו ידי מרעים. והנה זה ביד החנף האויל עוון פלילי, כי לא יקנא לאמת, אבל יעזור אחרי השקר, ויאמר לרע טוב, וישים לחושך אור, גם נתן מכשול לפני החוטא משני פנים:

**האחד** כי אינו נחם על רעתו.
**והשני** כי ישנה באולתו ביום מחר.

כי הלל רשע החנף אותו על תאוות נפשו, מלבד כי יישא עונש על הנזק אשר הזיק לאשר אשם לו החוטא על צדקו מי אשר חטא

לו, מלבד כי ייענש על דבר שקר, שנאמר [תהלים ה ז] - תאבד דוברי כזב. ונאמר [משלי יז טו] - מצדיק רשע ומרשיע צדיק תועבת ה' גם שניהם. כל שכן אם העול אשר בכף רשע חבירו גלוי לרבים, כי באמרו אליו החנף לפני בני אדם, זך אתה מבלי פשע, חילל וביזה דת ודין:

**קפח.** וחייב האדם למסור עצמו לסכנה, ואל ישיא את נפשו עוון אשמה כזאת, ואמרו רבותינו [סוטה מא א] - על עניין אגריפס שהיה קורא בתורה וכשהגיע לפסוק זה [דברים יז טו] - לא תוכל לתת עליך איש נכרי. זלגו עיניו דמעות, ואמרו לו אחינו אתה, באותה שעה נתחייבו שונאיהם של ישראל כליה, שחנפו לו לאגריפס, אך כי היושב על המשפט אין לו לפחד מאנשי מות, שנאמר [דברים א יז] - לא לגור מפני איש. ויש בחלקי כת חנפים, אשר בם החנף נספה ואבד בעוון החניפה לבד, כאשר יתבאר:

**קפט. החלק השני** - החנף אשר יהלל רשע לפני בני אדם אם בפניו אם שלא בפניו, אף על פי שלא יצדיקנו על חמסו ולא יכזב על משפטו, אבל יאמר עליו כי איש טוב הוא, על זה נאמר [משלי כח ד] - עוזבי תורה יהללו רשע. כי לולא אשר עזב את התורה, לא הלל העובר על דבריה, ומפר מצותיה, וגם כי לא ישבח את הרשע זולתי במה שנמצא בו מן הטוב, ויליץ עליו בפני בני אדם להגיד לאדם ישרו, גם זו רעה חולה, כי בזכרו את הטוב, ואת הרע לא יזכור, ועל כל פשעיו יכסה, צדיק יחשב אצל השומעים ויתנו לו יקר וירים ידו וגבר, וכבר הקדמנו להודיעך המכשלות והשחיתות הנמצאות בכבוד הרשעים, על כן לא נכון להזכיר צדקתם בלתי אם יזכיר רשעם וכסלם, כמו שנאמר [משלי י ז] - ושם רשעים ירקב. ונאמר [ישעיהו נז יב] - אני אגיד צדקתך ואת מעשיך ולא יועילוך. פירוש לא יועילוך מעשים הטובים להצילך מרעתך בקומי למשפט, ובערכי לעולמם רב פשעיך ומעשה תעתועיך, כי דברי עונותיך גמרו מהם, וכמו שאמרו רבותינו [ראש השנה טז ב] - כי מי שעונתיו מרובין מזכיותיו נכתב ונחתם למיתה. והרשעים נכרים בשיחתם והנהגתם, כאשר הקדמנו לך

בשערי יראת חטא:

**קצ.** והנה הצדיקים יתעבו הרשע, כמו שנאמר [משלי כט כז] - תועבת צדיקים איש עול. ואשר בסוד הצדיקים לא יהיה, אם תעב לא יתעבנו. וגם קב לא יקבנו, גם ברך לא יברכנו:

**קצא.** ויתכן כי יקר מקרה, המשבח את הרשע מדרך פתיות, כי הפתי אומר לשבח טוב הוא, אם היו יהיה על דבר אמת, ואם תהיה תמורתו, ומבלי הדעת שבח הוא את המתים, כי אמרו רבותינו [ברכות יח ב] - על הרשעים רפאים יחשבו בחיים ומתים קרויים, שנאמר [קהלת ט ה] - והמתים אינם יודעים מאומה. והשגגה הזאת עולה זדון, כי לא יאהב העבד האדון, אם יאהב משנאיו ויקרב רחוקיו, הלא להם לדעת מדרך הדעת כי כן, ונאמר [משלי ג לה] - וכסילים מרים קלון. וכבר הקדמנו פירושו:

**קצב. החלק השלישי** - החנף המשבח את הרשע בפניו, אף חכמתו עמדה לו, כי לא ישבחנו בפני בני אדם פן יהיה להם למוקש, גם זה המחנף גדול עונו, כי החליק עליו בעיניו, ולא ישוב מדרכו הרע ולא ידאג לעונותיו, כי צדיק הוא בעיניו, וכל אשר אינו מעדת הצדיקים, אם ישבחוהו יאמר בליבו, אמנם ידעתי כי כן, כעניין שנאמר [משלי יא ט] - בפה חנף ישחית רעהו ובדעת צדיקים יחלצו. פירוש החנף משחית רעהו בפיו, כי ישבחנו ויאמין לדבריהם, ויקשה את רוחו, ויראה את נפשו ביקר ולא יבין כי עפלה נפשו, והמכשלה הזאת תחת ידו, גם ירום לבבו וייפול במכמורת גאותו, והנה כי השחת השחיתו בחלק שפתיו, ובדעת צדיקים יחלצו, הצדיקים יחלצו בדעתם מנזקי החנף, כי אם ישבחנו לא ירום לבבו למען זאת, כמו שאמרו רבותינו [אבות דרבי נתן כט] - אפילו כל העולם אומרים עליך צדיק אתה הוי בעיניך כרשע. ואמרו אם יש עליך רעים מקצתם משבחים ומקצתם מוכיחים, אהוב את המוכיחים ושנא את המשבחים, כי אלה לחיי עולם יביאוך, ואלה ברעתך ישמחוך, כי ישבחוך. ויתכן גם כן לפרש [משלי יא ט] - ובדעת צדיקים יחלצו. רעיהם כי לא

יחניפו להם, אבל יוכיחו ויורו אותם בדרך, בתעותם בתהו לא דרך, ונאמר [משלי כו כח] - ופה חלק יעשה מדחה. המשיל פה חלק לדרך חלקלקות, ואמר כי כאשר ייפול האדם וידחה בלכתו בדרך חלקלקות, כעניין שנאמר [תהלים לה ה] - יהיו כמוץ וגו' ומלאך ה' דוחה. [תהלים לה ו] - יהי דרכם חשך וחלקלקות. כן ייפול האדם וידחה בפה חלק, והוא פה חנף, ועל העניין אשר בארנו, אמר דוד המלך עליו השלום [תהלים יב ד] - יכרת ה' כל שפתי חלקות לשון מדברת גדולות. קילל פה חלק כי ישחית בו רעהו, והלשון הקשה שהוא הפך החלק, והוא לשון הרע, ויש מן החנפים שמתכוונים להחניף לאנשי זרוע, כדי שיכבדו אותם וינשאום, ואמרו רבותינו [אבות דרבי נתן כט] - כל המחניף לחברו לשם כבוד לסוף נפטר ממנו בקלון:

**קצג. החלק הרביעי** - המתחבר לרשע ולא דיו אשר לא יוכיחהו בשבט פיו והרחק ירחיקהו, אבל כמו חבר יקריבהו, ונאמר [דברי הימים-ב כ לז] - בהתחברך עם אחזיה פרץ ה' את מעשיך. והצדיקים מאוס ימאסו את הרשע, כמו שנאמר [תהלים טו ד] - נבזה בעיניו נמאס ואמרו רבותינו זיכרונם לברכה [בבא קמא צב ב] - לא לחנם הלך זרזיר אצל עורב אלא מפני שהוא מינו. ואומר [בן סירא יג] - כל עוף למינו ישכון ובן אדם לדומה לו. ואמרו [מגילה כח א] - אסור להסתכל בדמות אדם רשע. שנאמר [מלכים-ב ג יד] - לולי פני יהושפט מלך יהודה אני נושא אם אביט אליך ואם אראך. ואמרו [מגילה כח א] - כל המסתכל בדמות אדם רשע עיניו כהות לעת זקנתו. שנאמר [בראשית כז א] - ויהי כי זקן יצחק ותכהין עיניו מראות. מפני שהסתכל בדמות עשו, וכבר הקדמנו להודיעך באר היטב, כי רבו דרכי מות הנמצאים אל המתחבר לרשע:

**קצד. החלק החמישי** - איש כי יאמינו בני אדם בדבריו, וסמכו כל השומעים על דבריו, ויתכוון לנשא אחד העם או גואלו הקרוב אליו באהבתו אותו, ויאמר עליו כי הוא איש חכם, והוא בן לא חכם, והיה לפוקה וצור מכשול כי יסמכו על הוראותיו, ועל פיו יהיה כל ריב, ויעוות משפט ואת העולם יחריב, וכן כי יאמר על

איש כי הוא נאמן רוח ולא הכירו אם הוא איש אמונים, או בן לא אמון בו, ואולי ישמע השומע ויפקידהו על ביתו וכל יש לו ייתן בידו וכחש בו לאמור לא ראיתיך, ואמרו רבותינו [סנהדרין ז ב] - כל המעמיד דיין שאינו הגון כאילו נטע אשרה. [עבודה זרה נב א] - ובמקום תלמיד חכם כאלו נטע אצל מזבח. והיה מי שהקים לראש בימים הראשונים מי שאינו ראוי להורות, וקראו עליו מקרא שכתוב [חבקוק ב יט] - הוי אומר לעץ הקיצה עורי לאבן דומם הוא יורה הנה הוא תפוש זהב וכסף וכל רוח אין ברבו, ועתיד הקודש ברוך הוא להפרע ממעמידיו, שנאמר [חבקוק ב כ] - וה' בהיכל קדשו הס מפניו כל הארץ:

**קצה. החלק השישי** - מי שיש בידו למחות ואינו מוחה, ואין בפיו תוכחות, ועל מעשה חטאים לא ילטוש עין ולא ישגיח, ולא יהיה להם לאיש מוכיח, והנה נצטווינו לבער הרע מקרב עמנו, שנאמר [דברים יג ו] - ובערת הרע מקרבך. ואמרו רבותינו [שבת נד ב] - כל מי שיש בידו למחות באנשי ביתו ואינו מוחה נתפש על אנשי ביתו, יש בידו למחות באנשי עירו ואינו מוחה נתפש על אנשי עירו, יש בידו למחות בכל העולם ואינו מוחה נתפש על כל העולם. ונאמר [ויקרא כו לז] - וכשלו איש באחיו. ודרשו בו זיכרונם לברכה [סנהדרין כז ב] - איש בעון אחיו. ואמרו [ספרא בחוקותי ז ה] - כל ישראל ערבים זה לזה:

**קצו. החלק השביעי** - הרואה את אנשי מקומו עם קשה עורף, ואומר בליבו אולי לא יקשיבו אם אדבר להם נכוחות, ופי אמלא תוכחות, על כן יחשוך פיו, והנה עונו יישא, כי לא ניסה להוכיח ולהזהיר, אולי אם רוחם העיר, ייעורו משנת אולתם, ולא תלין אתם משוגתם, ואמרו רבותינו זיכרונם לברכה [שבת נה א] - בעניין מה שכתוב [יחזקאל ט ד] - והתוית תיו על מצחות האנשים הנאנחים והנאנקים וגו'. אמרה מידת הדין, אף על פי שהללו צדיקים גמורים וקיימו את התורה, היה להם למחות, ולא מיחו, אמר הקדוש ברוך הוא, גלוי וידוע לפני שאם היו מוחין לא היו מקבלין מהם, אמרה מידת הדין ריבונו של עולם, אם לפניך גלוי,

הם לא ידעו אם ישמעו העם לקולם ואם יחדלו, וצוה השם יתברך אחרי כן [יחזקאל ט ו] - וממקדשי תחלו. והם הצדיקים המקודשים, כי נענשו על דבר שלא מיחו, ונאמר [ויקרא יט יז] - הוכח תוכיח את עמיתך ולא תשא עליו חטא. ואם הדבר גלוי לכל, וידוע ונבחן ונחקר, כי החוטא שונא מוסר ולא ישמע לקול מוריו, ולמלמדיו לא יטה אזנו, על זה נאמר [משלי ט ח] - אל תוכח לץ פן ישנאך. ואמרו [יבמות סה ב] - כשם שמצווה לומר דבר שנשמע כך מצוה שלא לומר דבר שאינו נשמע. ואמרו [ביצה ל א] - מוטב שיהיו שוגגין ואל יהיו מזידין:

**קצז. החלק השמיני** - איש אשר ישמע את דברי בני אדם מדברים לשן הרע, או כי ישמע כל פה דובר נבלה, או יושב בסוד משחקים בוזים תורה ומצות, וידוע כי הם סרבנים וסלונים ואם יוכיחם לא יקשיבו אל דבריו, על כן ישים יד על הפה, גם זה ייענש כי לא יענה כסילים באולתם, פן יאמרו לו כי הוא כמו הם, וכי הודה על דבריהם, אף כי יתחייב לענות ולגעור בהם לתת גודל לתורה ולמצות אשר בזו לעגו להם, ויקנה לכבוד נקי וצדיק אשר ישיחו בו:

**קצח.** וזה אחד מן הדברים אשר יתחייב האדם לעזוב בעבורם חברת הרשעים. כי ייענש בשמעו דבריהם הרעים תמיד, ויִלְאֶה לענותם, וזה דבר מפורש בדברי שלמה שנאמר [משלי כד א] - אל תקנא באנשי רעה ואל תתאו להיות אתם. [משלי כד ב] - כי שוד יהגה לבם ועמל שפתיהם תדברנה. רצונו לומר כי תשא עוון בחטאתם, כי תשמע דבריהם הרעים תמיד ותהיה מחריש:

**קצט. החלק התשיעי** - המכבד את הרשעים מדרך שלום, אמנם לא ידבר טוב על הרשע, ולא יתנהג בכבודו על דרך אשר יחשבו בני אדם כי יכבדנו מאשר יקר בעיניו נכבד, כי לא יחלוק לו כבוד זולתי כדרך שמכבדים בני האדם את העשירים, מדרך סלסול ולתקוות תועלת, בעבור כי צלחה דרכם ולא מפני חן ערכם, ואף גם זאת יש חטא ואשמה בדבר הזה, כי אם הותר לכבד העשירים,

לא כן הרשעים, שנאמר [איוב מ יא] - וראה כל גאה והשפילהו. [איוב מ יב] - ראה כל גאה הכניעהו והדוך רשעים תחתם. אך החלק הזה הותר, מדאגה מדבר פן יזיק הרשע ויגרום הפסד בזמן שיד הרשע תקיפה, ושעתו חצופה ואין בידנו להכניעו ובחילנו להניעו, על כן הותר לכבדו כדרך שמכבדים בני האדם אנשי זרוע רמה, מפחד ואימה, בקימה והדור ודומה להם, אך לא ישבחנו ולא ידבר טוב עליו לבני אדם, וכן אמרו רבותינו זיכרונם לברכה [סוטה מא ב] - מותר להחניף את הרשעים בעולם הזה:

**ר.** וזה דבר כת מספרי לשון הרע, אמרו רבותינו זיכרונם לברכה [ערכין טו ב] - כל המספר לשון הרע כאלו כופר בעיקר. שנאמר [תהלים יב ה] - אשר אמרו ללשוננו נגביר שפתינו אתנו מי אדון לנו. ועל כן חשבוהו כאלו כפר בעיקר, כי הוא מסבב וגורם נזק גדול ורעה רבה לחביריו, בהבאישו את ריחם בעיני העם, או בשאר דרכי הפסד, ולא יתכן אשר יכין אדם לחבירו כלי משחית ונזק מר ממות, מבלי שיועיל לעצמו בזה תועלת וריווח ממון, בלתי אם לכבד יצרו את נפשו ופרק עול שמים מעליו ונתק המוסרות, כמו שנאמר [תהלים נד ה] - כי זרים קמו עלי ועריצים בקשו נפשי לא שמו אלהי"ם לנגדם סלה. ופירשו רבותינו זיכרונם לברכה [מדרש תהילים נד] - ולא שמו אלהי"ם לנגדם, כי נתכוונו שיברך אותם שאול, כמו שאמר להם [שמואל-א כג כא] - ברוכים אתם לה' כי חמלתם עלי. ולא שמו אלהי"ם לנגדם, שכתוב בתורתו [דברים כז כד] - ארור מכה רעהו בסתר. ונאמר [קהלת י יא] - ומה יתרון לבעל הלשון. ונאמר על דואג [תהלים נב ה] - הוות תחשב לשונך כתער מלטש עשה רמיה. ופירשו [מדרש תהלים נב] - מה יתרון לך ומה בצע כי ספרת לשון הרע, הלא לממון לא היית צריך אך עשרת, כמו שנאמר עליו [שמואל-א כא ח] - אביר הרועים אשר לשאול. אין זה כי אם אהבת את הרע מן הטוב, ושקר מדבר צדק, כי פרקת עולו, ונאמר [משלי ו ל] - לא יבוזו לגנב כי יגנוב. ונאמר אחריו [משלי ו לב] - נואף אשה חסר לב וגו'. רוצה לומר שהוא רע מן הגנב שהוא צריך למלא נפשו כי ירעב, ואמרו רבותינו זיכרונם לברכה [מדרש תהלים קכ] - כי בעל לשון

הרע, משניהם רע, כי יחטא חטאה גדולה מבלי הנאה, כמו
שנאמר [תהלים קכ ג] - מה יתן לך ומה יוסיף לך לשון רמיה:

**רא. והשנית** - על כן נחשב המספר לשון הרע כאלו כפר בעיקר,
לפי שאומר בלבבו כי שפתיו ברשותו, ומפני שאין בה מעשה,
וכי הוא השליט על לשונו, וגמר בדעתו, כי אין לו לכלוא את רוח
שפתיו מדבר העולה על רוחו, וכי האיברים המה לבדם אינם
ברשותו לחטוא בהם, כעניין שנאמר [תהלים יב ה] - שפתינו אתנו
מי אדון לנו. [איוב לה י] - ולא יאמר איה אלה''י עושי. אשר כל
תנועות יצירותיו נתונות המה לו, אחת מהנה לא נעדרה, כלם
לעשות רצונו משועבדות, רק אין דבר, וארשת שפה ברשותנו,
לא כן הרשעים החוטאים בשאר עבירות, כי יודעים הם כי רע
ומר עזבם את השם, אך נמשכים אחר תאוותם ויצרם המתגבר,
וצר להם על זה ואמרו רבותינו [ערכין טו ב] - שקול לשון הרע
כנגד שלש עבירות, ואלו הן - עבודה זרה וגילוי עריות ושפיכת
דמים. בעבודה זרה נאמר [שמות לב לא] - אנא חטא העם זה חטאה
גדולה. בגלוי עריות נאמר [בראשית לט ט] - ואיך אעשה הרעה
הגדולה הזאת. בשפיכות דמים נאמר [בראשית ד יג] - גדול עוני
מנשוא. ואילו על לשון הרע נאמר [תהלים יב ד] - יכרת ה' כל שפתי
חלקות לשון מדברת גדולות:

**רב.** והנה אנו צריכין לפרש לך היאך יתכן כי יהיה עוון לשון
הרע יתר על השלש האלה, הלא כל אחת מהן אמרו רבותינו
זיכרונם לברכה [סנהדרין עד א] - ייהרג אדם ואל יעבור עליהם.
ואמרו [ספר העקרים א יד] - חמורה עבודה זרה שכל המודה בה
ככופר בכל התורה. ואמרו [חולין ה א] - כי המומר לעבודה זרה
מומר לכל התורה כולה. וכאשר תשים ליבך למאמרם זיכרונם
לברכה תמצא לו כמה שרשים וכמה פנים:

**רג. האחד** - כי בעל הלשון הוא שונה באולתו, עשר פעמים ביום
יכלים ויבאיש וחפיר, וידבר שפת יתר, ויכה בסתר, ומי ייתן קץ
לעונשו, כי בעל הלשון לא ישים קנצי למילין. בשגם עבירה קלה

כבדה מאד על השניות האולת פעמים רבות כאשר הקדמנו, אף כי חטאה גדולה, ורעה חולה. וכאמרים רבותינו זיכרונם לברכה [ערכין טו ב] - שקול לשון הרע כנגד שלש עבירות. רצונו לומר כנגד עובר אותן לעת שיתקפו יצרו, לא כנגד מומר והיוצא מן הכלל לעבור עליהן בכל עת:

**רד. והשני** - כי בעל הלשון תשובתו קשה, אחרי אשר למד לשונו דבר שקר, ופיו שלח ברעה, מרוב ההרגל איננו שליט ברוחו, וכאילו לשונו גורם במחשבה, כעניין שנאמר [תהלים נב ד] - הוות תחשוב לשונך. ונאמר [קהלת י יב] - ושפתות כסיל תבלענו. ונאמר [משלי יח ז] - פי כסיל מחתה לו. [משלי יח ו] - ומחתה לשון יראה ומגור. רצונו לומר כי הכסיל יירא ויגור מזעם לשונו פן יוקש בו, כאשר יירא מאויבו, כי אין שפתיו ברשותו:

**רה. והשלישי** - בעל הלשון חטאו נקל בעיניו, כי אמר אך דבר שפתים הוא ולא פנה אל נזקיו הרבים, על כן לא ישוב מדרכו הרעה, ואם שוב ישוב אין תשובתו שלמה, כי לא יכיר גודל חטאו, כי התשובה השלימה להינקות מפשע רב, כי יקד יקוד היגון ובנפשו, כיקוד האש.

**רו.** ואמר שלמה המלך עליו השלום [משלי כא כד] - זד יהיר לץ שמו עושה בעברת זדון. פירוש הלץ אשר גבר זדונו, להכות בלשונו, בגאותו וגאונו, ועברתו וחורנו, אל תאמר כי בלשונו לבד יכה, ואל במעשה כי ידוע תדע, כי הוא עושה בעברת זדון, רצונו לומר כי אם לא יכול להכות את אויביו בלשונו, ויוכל הכות בו במעשה, יכה בעברה ולא יחמול, כאשר אמרו רבותינו זיכרונם לברכה בעניין דואג [ירושלמי סנהדרין י ב] - כי כאשר צוה שאול להכות בכהנים, וימאנו אנשיו להכותם, אמר לדואג אתה הכית בלשון אתה תכה בחרב, שנאמר [שמואל-א כב יח] - סוב אתה ופגע בכהנים:

**רז. והרביעי** - אם ישוב בעל הלשון בתשובה, צריך לבקש

מחילה לאשר מוצק לו מזעם לשונו, והוא לא יזכור מספר כולם, כי רבים מכאובים הכאיב, וכמה נפשות הדאיב, גם רבים מאשר זכר, כי אותם עכר, והם לא ידעו כי הדיח עליהם את הרעה, יתבייש להודיעם ולגלות אזנם על אשר גמלם רעה, כי הוא מכה ואין מכתו ידועה כעניין שנאמר [תהלים קכ ג] - מה יתן לך ומה יוסיף לך לשון רמיה. [תהלים קכ ד] - חצי גבור שנונים. על כן נמשל לשון הרע לחץ, כי המושך בקשת פעמים רבות ישלח חציו באדם ולא נודע מי הכהו:

**רח.** ועוד על עניין אחר נמשל לחץ, כי שולף החרב אם נכמרו רחמיו על האדם בהתחננו אליו, ישיב חרבו אל נדנה, לא כן זורק החץ כי אין בידו להשיבה, כן בעל לשון הרע, אחר אשר יצא הדבר מפיו לא יוכל לתקון, ופעמים שידבר על פגם משפחה, והזיק כל הדורות הבאים אחריו, ולא תגיע אליו מחילה מזה, על כן אמרו רבותינו זיכרונם לברכה [ירושלמי בבא קמא ח] - כי המדבר בפגם המשפחה אין לו כפרה עולמית, והנה המשלח לשונו, גם על הקדושים אשר בארץ המה ידבר, כי על מי לא עברה רעתו תמיד, וכבר אמרו רבותינו זיכרונם לברכה [סנהדרין צ א] - כי האפיקורוס אין לו חלק לעולם הבא:

**רט. והחמישי** - כי לשון הרע יביא את בעליו לתת את פיו לדבר על השם תועה, וכמו שנאמר [תהלים עג ט] - שתו בשמים פיהם ולשונם תהלך בארץ. ואין בכל העבירות אשר ישיג ענשם לעונש המטיח דברים, ואמרו רבותינו [ערכין טו א] - עשר ניסיונות ניסו אבותינו ובכולם לא נתחתם גזר דינם אלא על לשון הרע, שנאמר [במדבר יד כח] - אם לא כאשר דברתם באזני כן אעשה לכם וכו'. ונאמר [דברים א לד] - וישמע ה' את קול דבריכם ויקצוף וישבע לאמר וגו'. ונאמר [מלאכי ב יז] - הוגעתם ה' בדבריכם. ואמר דוד המלך עליו השלום [תהלים נ טז] - ולרשע אמר אלהי"ם מה לך לספר חקי ותשא בריתי עלי פיך. [תהלים נ יח] - אם ראית גנב ותרץ עמו וגו'. [תהלים נ יט] - ופיך שלחת ברעה ולשונך תצמיד מרמה. [תהלים נ כ] - תשב באחיך תדבר. הנה למידת מזה כי אין

התורה מגינה על בעלי לשון הרע, ועל המלומד לגנוב ולנאוף, וכי אינם ראויים לעסוק בתורה, ואמרו רבותינו זיכרונם לברכה [סוטה כא א] - דואג כיון שסיפר לשון הרע אף חכמתו לא עמדה לו ולא הגינה עליו תורתו. ומה שאמרו רבותינו זיכרונם לברכה [סוטה כא א] - עבירה מכבה מצוה ואין עבירה מכבה תורה. שנאמר [משלי ו כג] - כי נר מצוה ותורה אור. על העובר עבירה דרך מקרה אמרו ולא על הפורק עול אזהרת העבירה מעליו:

**רי.** והתבונן כמה יגדל עוון בני אדם המספרים לשון הרע, המעט מהם עוונם הגדול כי יכלו שפתיהם וחשכו לשונם מדבר בדברי תורה, כי עוד השחת ישחיתון לדבר בלשון הרע, ואמר דוד המלך עליו השלום [תהלים קיט כג] - גם ישבו שרים בי נדברו עבדך ישיח בחקיך. פירוש הם בטלים מלשיח בחוקיך ומדברים לשון הרע ונדברים בו, בעוד אשר אשיח בחוקיך. ואמרו רבותינו [ערכין טו א] - מרפא לשון הרע להנצל ממנו שיעסוק אדם בתורה. שנאמר [משלי טו ד] - מרפא לשון עץ חיים. וזהו שנאמר [תהלים לט ב] - אשמרה לפי מחסום וגו'. פירוש רבותינו זיכרונם לברכה [מדרש תהלים לט] - כי המחסום הוא העסק בתורה. ואמרו רבותינו [ילקוט תהלים תשכא] - כנסת ישראל בקולה אהובה ובקולה שנואה בקולה אהובה, שנאמר [שיר השירים ב יד] - השמיעני את קולך כי קולך ערב. ובקולה שנואה, שנאמר [ירמיהו יב ח] - נתנה עלי בקולה על כן שנאתיה. וזהו שנאמר [משלי יח כא] - מות וחיים ביד לשון ואוהביה יאכל פריה. ופירושו ואוהביה יאכל פריה, ואוהב לשון והוא האיש החפץ לדבר תמיד, העצה הנכונה אליו שיאכל פריה שלא ידבר בדברי בטלה, אך בדברי תורה וחכמה ומוסר והבאת שלום בין אדם לחבירו, להצדיק הרבים ולשבח הטוב ולגנות את הרע ולקנא אל האמת, כי זכיות אין קץ יוכל לקנות לנפשו בלשונו, וכאשר הקדים כי חיים בלשון:

**ריא.** והנה כת מספרי לשון הרע. נחלק לששה חלקים:

**החלק הראשון** - כאשר ייתן מום באדם והמום לא יהיה

בו, פעמים כי תחת יופי ייתן דופי. והנה זה לבו יקפץ פיו מידת שתי הכתות הרעות, שהם כת שקרים וכת מספרי לשון הרע, והנה הוזהרנו מן התורה שלא לקבל לשון הרע, אולי הנה הוא שווא ודבר כזב, שנאמר [שמות כג א] - לא תשא שמע שוא. ואמר שלמה המלך עליו השלום [משלי יז ד] - מרע מקשיב על שפת און שקר מזין על לשון הוות. פירושו שתי כתות מקבלות לשון הרע, האחת - איש מרע ובעל זדון, מלשון [ישעיהו ט טז] - כי כלו חנף ומרע. כי הוא חושד בכשרים, ואוהב למצוא פגם ואשם על חברו וקלון על כבודו, והיה כשמעו כי יגיד עליו רעו לשון הרע, זדון לבו השיאו להאמין כי הדברים כנים.

**והכת השנית** - איש שקר, גם הוא מאזין ומאמין על לשון הוות, כי אחרי אשר לא ירחק מדבר שקר, לא יחוש אם תקבל נפשו כזב, ואם תשא שמע שווא, על כן ימהר לקבל לשון הרע, שקר מזין, כמו איש שקר, וכן [ירמיהו ט ה] - שבתך בתוך מרמה. בתוך אנשי מרמה, וכן [תהלים קט ד] - ואני תפלה. איש תפלה:

**ריב.** ודע כי כאשר יודה השומע על לשון הרע, אחת דתו ומנת מדיו עם המספר לשון הרע, כי יאמרו אמור, הנה קבלו השומעים את הדבר, ואות הוא כי הנה אמת הנה נכון, גם אם הטה אזן השומע והראה את נפשו כמקשיב קשב, ומאמין לדברים ההם בפני בני אדם, גם זה עוזר לרעה, וגורם קלון לחבירו, ומחזק ידי המביא את דיבתו רעה אל הבריות, ואמר שלמה המלך עליו השלום [משלי כה כג] - רוח צפון תהולל גשם ופנים נזעמים לשון סתר. פירושו כאשר רוח צפון תפזר העבים ותמנע הגשם, כן פנים נזעמים ימנעו לשון הרע, כי בראות המגיד את פני השומע והנם זועפים, יחדל קול המון גשם דבריו, אבל אם יראה כי השומע ישמע לו, ישתה כמים עולה, ולא יחשוך פיו משקריו, והיה כזה יום מחר, כי ישנה באולתו לספר תמיד לשון שקר, ושב לשונו אחר גשם כזביו, תחולל מלשון חלילה, וכן [במדבר ל ג] -

לא יחל דברו. לא יבטל, וכן [בראשית ד כו] - אז הוחל לקרוא. אז נמנע:

**ריג.** עוד אמר שלמה המלך עליו השלום [משלי כו כח] - לשון שקר ישנא דכיו. פירוש האיש העניו ודכא ושפל רוח, ישנא את לשון שקר, לא יאבה לו ולא ישמע אליו, כי העניו חפץ ביקר הבריות וצר לו על בושתם וקלונם, ויו"ד ו"ו **דכיו** במקום האל"ף השורש, כיו"ד ו"ו **עניו**. ויש מפרשים בעל לשון שקר ישנא מדכיו ומוכיחיו, ולא יוסיף להביא אליהם דיבת בני אדם רעה, והנה הזהרנו במה שכתוב [שמות כג א] - לא תשא שמע שוא. שלא נאמין בלבנו ספור לשון הרע, להחזיק במחשבתנו כי הדברים אמת, להבזות בעינינו את מי שנאמרו עליו:

**ריד. החלק השני** - המספר לשון הרע, וירחק בו מדבר שקר, ואל זה כוונו באמרם כת מספרי לשון הרע, אף על פי שאינם מן הכת של שקרים, והנה אם יזכיר אדם לחבירו בינו לבין עצמו מעשה אבותיו הרעים, הנה הוא עובר על מה שכתוב בתורה [ויקרא כה יז] - לא תונו איש את עמיתו. באונאת דברים דבר הכתוב כמו שהקדמנו. ונאמר [יחזקאל יח כ] - בן לא ישא בעון האב. ואם יכלימהו על מעשה אבותיו בפני אחרים. על זה אמרו רבותינו [בבא מציעא נח ב] - כי המלבין פני חבירו מן היורדין לגיהנם ואינן עולין. ואם יספר ויודיע את תועבות אבותיו בפני בני אדם שלא בפניו להבאיש את ריחו. ולהבזותו בעיני בני עמו, על זה אמרו אשר כת מספרת לשון הרע אין מקבלין פני השכינה, וכן אם היה בעל תשובה, והוא משספר עליו עונות ראשונים:

**רטו.** ודע, כי אם יראה איש כי עבר חברו על דבר תורה בסתר, והוא גילה על חטאותיו על שער בת רבים, אשום אשם על זה. כי אולי החוטא ההוא שב מדרכו הרעה, ויגוניו ברעיוניו, ולב יודע מרת נפשו, ולא נכון לגלותם זולתי לחכם צנוע, אשר לא יספר ליתר ההמון, רק הרחק ירחיק מחברתו, עד אשר יודע אליו כי שב מדרכו הרעה, ואם החוטא תלמיד חכם ואיש ירא חטא ראוי

לחשוב עליו כי באמת עשה תשובה, ואם יתקפו יצרו פעם אחת, נפשו מרה לו אחרי כן:

**רטז.** והמספר לשון הרע, שתים הנה קוראותיו, הנזק והבושת אשר יגרום לחבירו, ובחירתו לחייב ולהרשיע את חבריו ושמחתו לאידם, ועל צד אחד יגדל עוון המספר לשון הרע על דבר אמת, מן המספר על דבר שקר, כי יאמין העם בספרו על חברו דברים כנים, ויעלה באשו לפניהם, ויהיה לבוז בעיניהם, אחר אשר נחם על רעתו ונסלח לו מחטאותיו:

**ריז.** ואמר שלמה המלך עליו השלום [משלי יד ט] - אוילים יליץ אשם ובין ישרים רצון. [משלי יד י] - לב יודע מרת נפשו ובשמחתו לא יתערב זר. פירושו האויל יליץ חובה, כי יחפש מומי בני אדם ואשמתם וייתן בהם דופי, ולא ידבר לעולם בשבח ודבר טוב הנמצא בם, והמשל על זה כי הזבובים לעולם באו ונחו כולם על מקומות הלכלוך, ואמר אוילים יליץ לשון יחיד על כל אחד ואחד מן האוילים, כמו [בראשית מט כב] - בנות צעדה עלי שור. ואמרו רבותינו [קידושין ע א] - כל הפוסל פסול ואינו מדבר בשבחא של עולם ודרכו לפסול בני אדם במומו. ובין ישרים רצון, כי דרך הישרים לכסות על כל פשעים ולשבח האדם כי נמצא בו דבר טוב, וזכרו במוסר, כי אדם אחד וחכם עברו על הנבלה, אמר האדם כמה מסריחת נבלה זו, אמר החכם כמה לבנים שניה, ואמר אחרי זה לב יודע מרת נפשו, וכל חכם יודע כי לא הביא שלמה בתוך המוסרים הנבחרים דברים אין בם מועיל, אבל בא העניין על דבר הפסוק הראשון, להגיד רעת האויל המליץ אשם, כי יתכן שהחוטא שב מדרכו, ונפשו מרה לו, ואין יודע מרת נפש האדם ולא שמחתו זולתו, והוא נשוא עוון, כי עקרי התשובה לפי מרירות הלב, על כן יחטא ואשם האויל המזכיר עונו:

**ריח.** ועליך לדעת, כי עונש האויל המליץ אשם, איננו זולתי כי ייתן דופי באיש ירא חטא אשר יתקפו יצרו ויעבור ואשם, כי מנהגו ודרכו להתחרט על חטאיו, וכל שכן אם נודע הדבר כי חזר

בתשובה, אבל האיש אשר תדע ובחנת את דרכו כי אין פחד אלהי"ם לנגד עיניו, ותמיד יתייצב על דרך לא טוב, מצוה לספר בגנותו ולגלות על חטאותיו, ולהבאיש בעלי עבירות בעיני בני אדם, ולמען תגעל נפש השומעים את המעשים הרעים, ונאמר [משלי כט כז] - תועבת צדיקים איש עול. ונאמר [משלי ח יג] - יראת ה' שנאת רע. ואמרו [סנהדרין נב א] - רשע בן צדיק מותר לקרותו רשע בן רשע צדיק בן רשע מותר לקרותו צדיק בן צדיק. והנה כי תראה אדם אשר ידבר דבר או יעשה מעשה, ויש לשפוט דברו ומעשהו לצד חובה ולצד הזכות, אם האיש ההוא ירא אלהי"ם, נתחייבת לדון אותו לכף זכות על דרך אמת, גם כי יהיה הדבר קרוב ונוטה יותר אצל הדעת לכף חובה, ואם הוא מן הבינונים אשר יזהרו מן החטא ופעמים יכשלו בו, יש עליך להטות הספק ולהכריעו לכף הזכות, כמו שאמרו רבותינו זיכרונם לברכה [שבת קכז ב] הדן את חבירו לכף זכות המקום ידינהו לכף זכות. והיא מצות עשה מן התורה, שנאמר [ויקרא יט טו] - בצדק תשפוט עמיתך. ואם הדבר נוטה לכף חובה יהיה הדבר אצלך כמו ספק, ואל תכריעהו לכף חובה, ואם האיש ההוא רוב מעשיו לרוע או בחנתו כי אין יראת אלהי"ם בלבבו. תכריע מעשיו ודבריו לכף חובה. שנאמר [משלי כא יב] - משכיל צדיק לבית רשע מסלף רשע לרע. וכבר הקדמנו לך פירושו:

**ריט.** ואמר שלמה המלך עליו השלום [משלי כד כח] - אל תהי עד חנם ברעך והפתית בשפתיך. [משלי כד כט] - אל תאמר כאשר עשה לי כן אעשה לו אשיב לאיש כפעלו. פירושו לא הוצרך להזהיר לאמור אל תהי עד שקר, אבל אמר אל תהי עד חנם, כי אם נוקש רעך בחטא אל תעיד עליו ואל תגלה על חטאו חנם ללא תוכחת, כי האמנם אם גזל האדם או עשק את עמיתו חייב להעיד על זה כדי שישיב הגזלה אשר גזל, על פי שנים עדים, ואם אין שם זולתי עד אחד, שבועה תהיה בין שניהם, אבל אם ראה כי נכשל חבירו בדבר ערוה או באחת מן העבירות אין ראוי שיעיד על זה חנם, רוצה לומר ללא תוכחת, גם כי יש אתו עד שני להקים דבר, ואם החוטא ירא חטא ראוי לו לדבר על לבו, כי באמת עשה

תשובה, גם ראוי שיירא לנפשו ויאמר בליבו, אחרי כי האיש ירא שמים, ואולי זכיותיו מרובין מעונותיו, ואמרו רבותינו [קידושין לט ב] - כי האיש אשר זכויותיו מרובים מעונותיו הנה הוא מעדת צדיקים, אמנם אם החוטא הוא מן האוילים אשר משפטם לשנות באולתם, טוב כי יגידו אל השופטים לייסרו להפרישו מן האיסור, אבל אם הוא עד אחד, לא טוב היות האדם לבדו מעיד על חבירו, כי עדותו חנם, לפי שאין סומכין עליו, שנאמר [דברים יט טו] - לא יקום עד אחד באיש לכל עון ולכל חטאת. לכן מוציא שם רע יחשב, ומילת והפתית בשקל הסבות, רצונו לומר כי בשפתיך אתה טוחן פניו בגלותך מסתר עונו, ואמר אחרי כן אל תאמר כאשר עשה לי כן אעשה לו, כי אם גלה על חטאיך, לא תקום ולא תיטור לעשות לו כאשר עשה לך, וזה מוסר נכבד ומעיקרי היראה, ואם החוטא איש אשר איננו ירא מלפני האלהי"ם, כמו הפורק מעליו עול מלכות שמים, ואינו נזהר מעבירה אחת אשר כל שער עמו יודע כי היא עבירה, מותר להכלימו ולספר בגנותו, כך אמרו רבותינו [בבא מציעא נט א] [ויקרא כה יז] - אל תונו איש את עמיתו. עם שאתך בתורה ובמצות אל תונהו בדברים, ואשר לא שת לבו אל דבר ה' מותר להכלימו במעלליו ולהודיע תועבותיו ולשפוך בוז עליו, ועוד אמרו [יומא פו ב] - מפרסמים את החנפים מפני חלול השם. אבל אם נכשל בחטא על דרך מקרה, ורוב הימים דרכו להשתמר מעונו, אין לגלות על חטאו כאשר ביארנו, ויתכן לפרש אל תהי עד חינם ברעך, להעיד עליו על עבירות אשר גם אתה חלית בהם כמוהו, על כן יקרא רעהו, ויורה על זה אומרו אחרי כן אל תאמר כאשר עשה לי כן אעשה לו, כי אף על פי שהיא מצוה לפרסם את החטאים בנפשותם ואת החנפים, אבל החוטא אם לאיש כמוהו רשעו ולבן אדם חטאותיו, אין לפרסמו, כי אין כוונתו בגלותו מסתריו לטובה, כי אם לשמוח לאיד, והשנית כי איך בוש לא יבוש להזכיר על זולתו דופי המעשים ההם והוא אוחז בהם, ונאמר [הושע א ד] - ופקדתי את דמי יזרעאל על בית יהוא. הנה כי אף על פי שעשה מצוה בהכריתו בית אחאב, נשא עונו, כי גם הוא היה רב פשע:

**רכ.** ואמרו רבותינו [פסחים קיג ב] - כי המעיד יחידי על חברו בדבר עבירה מלקין אותו מכת מרדות. אך יוכל לגלות הדבר בהצנע לרבו ולאיש סודו, אם ידע כי יאמינו דבריו כדברי שני עדים, ואם יש עד שני עמו ישמעו השופטים דבריהם לייסר החוטא בהצנע ולא ילבינו פניו ברבים. כמו שנאמר [ויקרא יט יז] - הוכח תוכיח את עמיתך ולא תשא עליו חטא:

**רכא.** ודע כי בדברים שבין אדם לחברו, כמו גזל ועושק ונזק וצער ובושת ואונאת דברים, יכול לספר הדברים לבני אדם, גם היחיד אשר יראה יגיד כדי לעזור לאשר אשם לו ולקנא לאמת, והנה אמרה התורה שיעיד עד אחד בבית דין על תביעת ממון לחייב את הנתבע שבועה. אמנם יש עליו להוכיח את האיש תחילה:

**רכב. החלק השלישי** - הולך רכיל, והוזהרנו על זה מן התורה שנאמר [ויקרא יט טז] - לא תלך רכיל בעמך. וגם זה נקרא לשון הרע, והוא בכלל כת מספרי לשון הרע, כמו שזכרו רבותינו זיכרונם לברכה על [מדרש תהלים נב] - דואג האדומי שהיה בעל לשון הרע, כי הגיד לשאול, ויאמר לו [תהלים נב ב] - בא דוד אל בית אחימלך. ונזק הרכילות חדל לספור, כי אין מספר כי הוא מרבה שנאה בעולם, ומכשיל את בני אדם לעבור על מה שכתוב בתורה [ויקרא יט יז] - לא תשנא את אחיך בלבבך. והנה העולם קיים על השלום ומפני השנאה נמוגים ארץ וכל יושביה כאשר הקדמנו, ופעמים רבות ייתן הרכיל חרב ביד חברו להרוג את רעהו, כמו שכתוב [יחזקאל כ כד] - אנשי רכיל היו בך למען שפך דם. ונאמר [ירמיהו ו כח] - כולם סרי סוררים הולכי רכיל נחשת וברזל וכולם משחיתים המה. וקראו רבותינו [ירושלמי פאה א א] - את הרכילות לשון שלישי מפני שהוא הורג שלשה, האומרו, והמקבלו, ומי שנאמר עליו. כמו שידעת מעניין דואג שנטרד בסיבת הרכילות, ונהרגו הכהנים, ונענש שאול אשר קבל את הרכילות:

**רכג.** ואמרו רבותינו זיכרונם לברכה [נדה סא א] - על עניין הרכילות, אף על פי שאסור לקבלו ולשנוא את חברו בגללו, אבל אל יהי בז לדבר, אך את נפשו ישמור ויחוש לדברים. אומרו זיכרונם לברכה [ירושלמי פאה א א] - דורו של שאול היו בהם דילטורין כמו דואג והזיפים, ועל ידי כן היו יורדין למלחמה ונופלים, דורו של אחאב לא היו בהם דילטורין, כמו שידעת מעניין הנביאים שהיו מתחבאים מפני איזבל, כמו שכתוב [מלכים-א יח כב] - ואני נותרתי נביא לה' לבדי. ועובדיה החביא מהם מאה נביאים, ולא גלה אדם כי יש נביא בישראל, זולתי אליהו, ועל ידי כן היו יורדין למלחמה ונוצחין, אף על פי שהיה אחאב עובד עבודת כוכבים.

**רכד.** והמסכסך אחים ואוהבים, ומביא שנאה ביניהם, קשה מכל חלקי לשון הרע, שנאמר [משלי ו יט] - ומשלח מדנים בין אחים. ואמרו רבותינו [ויקרא רבה מצורע טז א] - כי השביעית, קשה מכולן כאשר הקדמנו לך בשערי יראת חטא:

**רכה.** וחייב האדם להסתיר הסוד אשר יגלה אליו חברו, דרך סתר אף על פי שאין בגלוי הסוד ההוא עניין רכילות, כי יש בגלוי הסוד נזק לבעליו, וסיבה להפר מחשבתו, כמו שנאמר [משלי טו כב] - הפר ממחשבות באין סוד. והשנית כי מגלה הסוד אך יצא מדרך הצניעות והנה הוא מעביר על דעת בעל הסוד. ואמר שלמה המלך עליו השלום [משלי כ יט] - מגלה סוד הולך רכיל. רצונו לומר אם תראה איש שאיננו מושל ברוחו לשמור לשונו מגלוי הסוד, אף על פי שאין בחשוף הסוד ההוא עניין רכילות בין אדם לחברו, תביאהו המידה הזאת להיות הולך רכיל, שהוא מארבע כיתות הרעות, שאחרי אשר אין שפתיו ברשותו לשמרן. עוד אמר [משלי יא יג] - הולך רכיל מגלה סוד. רצונו לומר אל תפקיד סוד למי שהולך רכיל, כי אחרי אשר איננו שומר שפתיו מן הרכילות, אל תבטח עליו בהסתר סודך, אף על פי שמסרת דבריך בידו דרך סוד וסתר, והוזהרנו מן התורה שלא לקבל לשון הרע שנאמר [שמות כג א] - לא תשא שמע שוא. ונאמר [משלי כט יב] -

מושל מקשיב על דבר שקר כל משרתיו רשעים. ופירשו רבותינו זיכרונם לברכה [מדרש תהלים נד] - כאשר המושל מקבל לשון הרע ודברי רכילות, יעשו משרתיו רשעים והולכי רכיל למצוא חן בעיני אדוניהם, והנה לאלה שלשה החלקים אשר זכרנו, כוונו בזכרם זיכרונם לברכה - כת מספרי לשון הרע:

**רכו. החלק הרביעי** - אבק לשון הרע, אמרו רבותינו [בבא בתרא קסא א] - רוב העולם נכשלים בגזל ומיעוטם בעריות וכולם באבק לשון הרע. ואמרו כי עניין אבק לשון הרע, כאשר יסבב האדם בדבריו, שיספרו בני אדם לשון הרע. ואמרו [בבא בתרא קסד ב] - לעולם אל יספר אדם בטובתו של חבירו שמתוך טובתו בא לידי גנותו. והנה אנחנו צריכים לבאר המאמר הזה, כי ידוע הדבר כי מן המידות הנאות לספר בשבח החכמים והצדיקים, כמו שנאמר [משלי כה כז] - וחקר כבודם כבוד. ואמרו על האויל שאינו מדבר בשבחו של עולם, אבל זאת תכונת העניין הזה, כי אין לספר בטובת האדם זולתי בד בבד, רצונו לומר כאשר ידבר איש אל רעהו, ולא קהל עם ובמושב רבים, עד אשר יודע אליו כי אין במעמד ההוא שונא ומקנא לאיש אשר ידבר טוב עליו, ואם יחפוץ לשבח אדם אשר כבר הוחזק לבני עמו, ונודע אשר הוא אדם כשר, ולא תימצא בו רעה ואשמה, גם על פני שונא ומקנא יש לשבחו כי לא יוכל לגנותו, ואם יגנהו ידעו הכל אשר פיו דבר שווא ותהי לשונו מוקש לנפשו:

**רכז.** עוד זכרו זיכרונם לברכה על עניין לשון הרע ואמרו [ערכין טו ב] - הנה אם שאלה אשה משכנתה לחתות אש מיקוד, ותען ותאמר איה איפה גחלי אש, כי אם בבית פלוני אשר תמיד יצלה בשר ויאכל. וזה והדומה לו אבק לשון הרע, ונאמר [משלי כז יד] - מברך רעהו בקול גדול בבוקר השכם קללה תחשב לו. ופירושו רבותינו המקרא הזה על המשבח את חבירו בשבח הבא ליד הפסד. בעניין האורח אשר יצא אל רחוב העיר, ויקרא בקול גדול ויספר את אשר גמלו בעל הבית טובה, כי טבח טבח והכין לאורח הבא אליו, ויהי בהישמע דבר האורח יתלקטו אנשים ריקים

ויסורו אל בית בעל הבית, וחייב האדם לשמור פיו ולשונו שלא ייחשד בדבריו, ואל יתנו אותו כמספר לשון הרע, ואם יביא עצמו לידי החשד בזה, הנה השחית מוסרו ויחשב לאיש הזה אבק לשון הרע:

**רכח.** ועתה השתונן בכליותיך לעמוד על עיקר הדבר הזה, הנה הקדמנו כי מותר לספר בגנות החוטא על חמס אשר בכפיו, אם נודע הדבר כי לא עזב דרכו, כמו הגוזל והחומס, או המזיק והמציק, או המלבין פנים ומבאיש ומחפיר, והמספר לשון הרע ולא השיב את הגזלה, ולא שלם נזקו, ולא בקש פני חבירו להעביר את עונו, ואמנם המביטים דרכם דבר ידברו בראשונה את החוטא, אולי יוכלו הועיל בדרך תוכחה להשיבו מדרכו הרעה, ואם מאן ימאן אז יודיעו לרבים את דרכיו ומעלליו. ועתה כאשר יתפוש אדם על מעשה חברו על דבר אשר הזיד על רעהו, ויספר מעשהו לבני אדם ויגלה חובת החוטא ויגנה מעשהו מטענות רבות, והנה ייחשד המספר בזה וייתן אותו כמספר לשון הרע, ויאמרו אמרו גם אם אמת היה הדבר היה ראוי לגלות אוזן החוטא למוסר בתחילה, ועל דבר אשר לא קדם לו תוכחות יחשדנו שומעו לאומר, כי לא היה אומר כל אלה בפני חבירו וכי הוא מחניף לו, כעניין שנאמר [הושע ד ד] - אך איש אל ירב ואל יוכח איש. ונהנה לדבר באשמת העם אשר בהעוותם ישמח ובקלונם יתכבד שלא בפניהם, ודומה לבעל לשון הרע, ובו דבק מן האבק. ועוד יאמרו בני אדם אין הדברים כנים ומליבו הוא בוודאם, ואם לא אפוא מדוע לא גלה על עונו בפניו ראשונה והעלים ממנו. על כן אמרו רבותינו [ערכין טו ב] - כל דבר אשר יאמר בפני בעליו אין בו דרך לשון הרע. רצונו לומר כי אם הקדים לחבירו תוכחת מגולה על מעשהו ולא הקשיב על דבריו, אחרי כן יוכל להודיע לבני אדם אשמת האיש ורוע מוסרו, ואל ייחשד כי יחפוץ לתת דופי בחברו, וכן אם המספר מוחזק לרבים כי לא יישא פני איש ואל אדם לא יכנה, ואת כל אשר יאמר שלא בפני חבירו, אותו ידבר בפניו ולא יגור מפני איש, והוחזק גם כן בתוך עמו אשר לא ידבר רק אמת, אין לחשדו בדברו על אשמת

אדם לחברו שלא בפניו, וכן זכרו בדבריהם ז"ל על העניין הזה ואמרו [שבת קיח ב] - אמר רבי יוסי מימי לא אמרתי דבר וחזרתי לאחורי. רצונו לומר לא אמרתי דבר על אדם שלא בפניו וכבשתי אותו בהיותי בפניו, עוד אמרו כל דבר אשר יאמר בפני שלשה אין בו דרך לשון הרע, רצונו לומר אחרי כי ברבים היו עמו בעת אשר שספר הדברים, אכן נודע הדבר לחברו והנה זה כאלו אמר הדברים בפניו:

**רכט. החלק החמישי** - נבלות הפה, אמרו רבותינו זיכרונם לברכה [שבת לג א] - כל המנבל את פיו אפילו נגזר עליו גזר דין של שבעים שנה לטובה נהפך עליו לרעה. ואמר ישעיהו [ישעיהו ט טז] - על כן על בחוריו לא ישמח ה' ואת יתומיו ואת אלמנותיו לא ירחם כי כלו חנף ומרע וכל פה דובר נבלה בכל זאת לא שב אפו ועוד ידו נטויה. ובעבור זאת המנבל את פיו כבד עוון ונתבע ונאלח, כי עזב והניח הבושה והצניעות שהם המידות הידועות לזרע הקדש, והלך על שבילי עזות פנים שהיא מידת הנבלים הרעים, **והשנית** כי חלל את קדש ישראל שנאמר [דברים ד ו] - ואמרו רק עם חכם ונבון הגוי הגדול הזה. וזה נהג על דרך הסכלים הנמאסים המורחקים מדרך השכל שכלו יפה אף נעים, ועל הבאישם ותעל צחנתם, וכל חכם ונבון שקץ שיקצם ותעב יתעבם, והנה הוא מחלל כלי השכל אשר הוא יקר מכל כלי חמדה, שנאמר [משלי כ טו] - וכלי יקר שפתי דעת. והשומע דבר נבלות הפה עונשו גדול כי לא יאטם אזנו ולא יבדל מתוך דברי נבלה, ועליו נאמר [משלי כב יד] - שוחה עמוקה פי זרות זעום ה' ייפול שם:

**רל.** ואמרו רבותינו לעולם [פסחים ג א] - אל יוציא אדם דבר מגונה מפיו שהרי עיקם הכתוב שמונה אותיות ולא הוציא דבר מגונה מפיו, שנאמר [בראשית ז ח] ומן הבהמה אשר איננה טהורה. כי בעת ההיא הייתה בהמה הטמאה מותרת באכילה, אך לא הייתה טהורה לקרבן, על כן נחשב לשון מגונה אם יגנה אדם הדברים אשר הם למאכל אדם, והנה חייב האדם להיזהר שלא יוציא מפיו

דבר מגונה, גם כי יביאנו הנחתו לשון מגונה להאריך דבריו ולהרחיב מאמריו, וזה כמו גדר להיזהר מנבלות הפה שהוא מן העבירות החמורות, וגם גדר להיזהר מספור לשון הרע ונתינת דופי בבריות, כמו שאמרו רבותינו זיכרונם לברכה על הרחקת הדבור [בבא בתרא קכג א] - אפילו בגנות בהמה טמאה לא דבר הכתוב. ואמרו רבותינו [פסחים ג ב] - כי אחד מן הכהנים אמר לפני רבן יוחנן בן זכאי הגיע לחלקי מלחם הפנים כשיעור זנב הלטאה ובדקו אחריו ומצאו בו שמץ פסול. ועוד אמרו רבותינו כי [פסחים ג א] - חייב האדם לבחור בדבריו לשון כבוד ולהניח לשון שאינו של כבוד גם כי אינה מגונה. בין בדברי התורה ובין בשיחת עסקי העולם, ובלבד שלא יאריך דבריו בעבור זה בדברו בדברי תורה, כי חייב האדם לשנות לתלמידיו בדרך קצרה, ועניין **לשון הכבוד** הוא דרך הדבור והשיחה אשר דרכו בה נקיי הדעת ומדברי צחות, והם שוקלים ומכירים אי זה לשון כבוד ואי זה תמורתו, כמו שנאמר [איוב טו ה] - ותבחר לשון ערומים ונאמר [איוב לג ג] - ודעת שפתי ברור מללו. ונאמר [משלי י כ] - כסף נבחר לשון צדיק:

**רלא. החלק השישי** - נרגן, אמר שלמה המלך עליו השלום [משלי יח ח] - דברי נרגן כמתלהמים והם ירדו חדרי בטן. פירושו הנרגן הוא האיש אשר דרכו וחוקו להתאונן ולהתרעם, וימצא תלונות על חברו תמיד על מעשיו ועל דבריו, ואף על פי שחברו בתומו מתהלך עמו ולא זד עליו בדבר, וידון כל דבר לחובה ולא לזכות וכל שגגה ישים לזדון, והנה ייתן עצמו כמו עשוק והלום וכאלו כבד חטאת חברו עליו, והוא המכה וההולם כי דבריו יורדים חדרי בטן, כי מי שילין תלונות על חברו כאשר לא נגעו וכאשר עשה עמו רק טוב זה סער מתחולל על הלב, והנה הוא כיורה זיקים יורדים חדרי בטן, מילת כמתלהמים כמו מתהלמים, וכמו שמלה שלמה, מלשון [משלי כג לה] - הלמוני בל ידעתי. וכאלו אמר דברי נרגן כמתהלם, ואמרו מתלהמים לשון רבים כי נרגן כולל הנרגנים, כמו [ירמיהו יא טו] - ובשר קודש יעברו מעליך. [ישעיהו מה ח] - ויפרו ישע. עוד אמר שלמה המלך עליו השלום [משלי טז כח] - ונרגן מפריד אלוף. רצונו לומר כי יפריד מעליו אוהב ורע

כי לא יוכלון שאת חברתו, ואמרו רבותינו [מסכת דרך ארץ זוטא ט]
- אל תרבה תרעומות שלא תבוא לידי חטא. ופעמים רבות הנרגן
כפוי טובה גם יחשבה לרעה וישב רעה תחת טובה, ונאמר [משלי
יז יג] - משיב רעה תחת טובה לא תמוש רעה מביתו. ופעמים
יחשוב על חסדי ה' כי הם לנקם ושלם, כעניין שנאמר [דברים א
כז] - ותרגנו באהליכם ותאמרו בשנאת ה' אותנו הוציאנו וגו'. על
כן התרחק מדרך הנרגנים כי נתיבותיהם עקשו להם, כל דורך
בה לא ידע שלום, ולדון לכף זכות למד לשונך, והיה צדק אזור
מתניך:

# שערי תשובה

## רבינו יונה

### חלוקי הכפרה

**שער ד**

**א.** כדרך שיש לגוף חולי ומדווה כן יש לנפש, ומדווה הנפש וחוליה מידותיה הרעות וחטאיה, ובשוב רשע מדרכו הרעה ירפא, השם יתברך חולי הנפש החוטאת, כמו שנאמר [תהלים מא ה] - ה' חנני רפאה נפשי כי חטאתי לך. ונאמר [ישעיהו ו י] - ושב ורפא לו. ועל דרך שימצא פעמים בתחלואי הגוף שהקל החלי מעליו ועלתה ארוכת רוב המדווה, ועוד לא ינקה הגוף ממנו זולתי במשתה המשקה המרים, ועוד שיסבול הצער בענוי נפשו מכל מאכל תאוה, כן יש נפש חולה מעוון רב, ואף על פי שנרפא רוב החולי וסר מרבית חלקי העונש אחרי התשובה, ושב השם יתברך מחרון אפו, לא תנקה הנפש עדנה מן החולי, ולא נרצה עונה, עד אשר יוסר החוטא בייסורים והוכח במכאוב, ותקראנה אותו רעות וצרות, כעניין שנאמר [בראשית ד יג] - גדול עוני מנשוא. [בראשית ד יד] - הן גרשת אותי היום מעל פני האדמה ומפניך אסתר והייתי נע ונד בארץ והיה כל מוצאי יהרגני. ועל ידי התשובה נסלח רוב עונו וסר, עיקר העונש ונמלט מן המות, כמו שנאמר [בראשית ד טו] - וישם ה' לקין אות לבלתי הכות אותו כל מוצאו. ונשאר עליו עונש הגלות, כמו שנאמר [בראשית ד טז] - וישב בארץ נוד קדמת עדן. ואמרו זיכרונם לברכה [ויקרא רבה י] - כי עונש הטלטול גם הוא הקל מעליו אחרי התשובה, כמו שנאמר [בראשית ד ל] - והייתי נע ונד בארץ. והנה הזכיר הטלטול בכפל הלשון, ואחרי התשובה נאמר [בראשית ד טז] - וישב בארץ נוד:

**ב.** והעניין הזה התברר עוד ממה שכתוב בתורה [ויקרא ד כז] - ואם נפש אחת תחטא בשגגה מעם הארץ בעשותה אחת ממצות ה' אשר לא תעשינה ואשם. [ויקרא ד כח] - או הודע אליו חטאתו ואשר חטא וגו'. ואמרו רבותינו זיכרונם לברכה [שבת סט א] - כי החטאת תבוא על השגגה בדבר שחייבין על זדונו כרת. ומפני עוון הכרת כי רב הוא, לא תשלם כפרת החוטא בו גם השגגה עד שיביא חטאת, ואף על פי שהתודה על חטאו, כי מבלתי הוידוי והתשובה לא יתכפר עוונו בקרבן החטאת, שנאמר [משלי כא כז] - זבח רשעים תועבה. ואחרי הווידוי והקרבן יכופר עוונו, כמו שנאמר [ויקרא ד לא] - וכפר עליו הכהן ונסלח לו. והתבונן מזה, אם השוגג בלתי טהור הוא, אחרי התשובה עד שיביא קרבן מה עז עונש המזיד, אכן יתכפר עוונו בייסורין כמו שנאמר [איוב לג יט] - והוכח במכאוב על משכבו וגו'. [איוב לג כו] - יעתר אל אלו"ה וירצהו. ונאמר [משלי ג יב] - כי את אשר יאהב ה' יוכיח וכאב את בן ירצה. ויש עצה ותקנה לחוטא במעשים טובים, להגן עליו מן המכאובים, כאשר יתבאר:

**ג.** עוד התברר העניין הזה בתורה, שנאמר [ויקרא טז ל] - כי ביום הזה יכפר עליהם לטהר אתכם וגו'. הנה כי הוצרכה כפרת יום הכפורים אחרי התשובה, כי עיקר כפרת יום הכפורים, עם התשובה:

**ד.** ויש עוון אשר לא תינקה הנפש ממנו, ובלתי טהורה היא ואינה רצויה, עד אשר המוות יפריד בינה ובין הגוף אשר חטאה בו, כמו שיש חולי שלא ינקה הגוף ממנו כל הימים, והוא עוון חלול השם, שנאמר [ישעיהו כב יג] - והנה ששון ושמחה הרוג בקר ושחוט צאן וגו'. כי לא היו משגיחים על דברי הנביאים, ולא חרדים עליהם, אבל היו קובעים בגילוי והקהל חבירים במיני שמחה, ונאמר על זה [ישעיהו כב יד] - אם יכופר העון הזה לכם עד תמותון. ונאמר [דברי הימים-ב לו טז] - ויהיו מלעיבים במלאכי האלהי"ם ובוזים דבריו ומתעתעים בנביאיו עד עלות חמת ה' בעמו עד לאין מרפא:

**ה.** וגם לחולי הזה, אף על פי שאין לו מרפא על דרך שאר העונות, וימצא לו מרפא אם יעזרהו השם יתברך לקדש תורתו נגד בני אדם, ולהודיע לבני האדם גבורת השם וכבוד הדר מלכותו, וסר עונו ברוב גודל כשרון המעשה שהוא בהפך מן המעשה אשר נואל ואשר חטא בו, כמאמר הרופאים על חולי הגוף כי ירפא בהפכו ותעלה ארוכתו בתמורתו, ואמר שלמה המלך עליו השלום [משלי טז ו] - בחסד ואמת יכופר עון. וביארנוהו בשער הראשון מן התשובה, ועניין אמת שהזכיר ביאורו, שיכין החוטא לבו לחזק ידי האמת, ולעזור למבקשי אמונה ולהסיר השקר והעול, כי הודעת האמת והשיבו לבצרה כבוד אלהי"ם, כעניין שנאמר [ירמיהו כב טז] - דן דין עני ואביון אז טוב הלא היא הדעת אותי. ונאמר על רודפי השקר [ירמיהו ט ה] - במרמה מאנו דעת אותי. ואמרו רבותינו זיכרונם לברכה [בבא בתרא ד א] - בעניין הורדוס שהרג את החכמים שואל עצה לבבא בן בוטא אם יוכל לרפוא לו ולגהות ממנו מזור, ויאמר אליו אתה כבית נרו של עולם, לך ועסוק באורו של עולם והשתדל בבניין בית המקדש:

**ו.** עתה נבאר ענין חלוקי הכפרה באר היטב. אמרו רבותינו זיכרונם לברכה [יומא פו א] - שאל רבי מתיא בן חרש את רבי אלעזר בן עזריה ברומי, שמעת ארבעה חלוקי כפרה שהיה רבי ישמעאל דורש. אמר לו שלשה הן והתשובה עם כל אחת ואחת, עבר אדם על מצות עשה ועשה תשובה, אינו זז משם עד שמוחלין לו מיד, שנאמר [ירמיהו ג כב] - שובו בנים שובבים ארפא משובותיכם. עבר על לא תעשה ועשה תשובה, תשובה תולה ויום הכפורים מכפר, שנאמר [ויקרא טז, ל] - כי ביום הזה יכפר עליכם לטהר אתכם מכל חטאותיכם לפני ה' תטהרו. עבר על כריתות ועל מיתות בית דין, ועשה תשובה, תשובה ויום הכפורים תולין ויסורין ממרקין, שנאמר [תהלים פט לג] - ופקדתי בשבט פשעם ובנגעים עונם. אבל מי שיש בידו עוון חלול השם, אין כח בתשובה לתלות ולא ביום הכיפורים לכפר, ולא בייסורים למרק, אלא כולן תולין ומיתה ממרקת, שנאמר [ישעיהו כב יד] - אם יכופר העון הזה לכם עד תמותון. ואמרו רבותינו זיכרונם לברכה [יומא

לו א] - עולה מכפרת על מי שעבר על מצות עשה אחרי התשובה, כי אמנם נתכפר עונו בתשובה, אך העולה תוסיף על כפרתו, ויוסיף להתרצות בה אל השם יתברך.

**ז.** עוד אמרו [ירושלמי יומא ח ז] - עולה מכפרת על העולה על רוח בני האדם מהרהורי הלב ומחשבת העבירות, וכן כתוב [איוב א ה] - ויהי כי הקיפו ימי המשתה וישלח איוב ויקדשם והשכים בבקר והעל עולות מספר כולם, כי אמר איוב אולי חטאו בני וברכו אלהי"ם בלבבם:

**ח.** ועתה כי אין לנו קרבנות בעונותינו ובעונות אבותינו, אם חטא בהרהורי הלב או שעבר על מצות עשה יקרא פרשת העולה אשר בתחילת סדר ויקרא, ובתחילת סדר צו את אהרן, כי מקרא פרשת הקרבן יהיה לנו במקום הקרבת הקרבן, בין שנקרא בכתב בין שנקרא בעל פה, כמו שאמרו רבותינו זיכרונם לברכה [מנחות קי א] - כל העוסק בפרשת עולה כאלו הקריב עולה, בפרשת חטאת כאלו הקריב חטאת, בפרשת אשם כאלו הקריב אשם. ואם עבר אדם על מצות לא תעשה ועשה תשובה, ידאג לעוונו ויכסוף ויחכה להגיע ליום הכיפורים, למען יתרצה א"ל השם יתברך, כי רצונו חיי הנפש והגוף וחיי כל נוצר, כמו שנאמר [תהלים ל ו] - חיים ברצונו. ועל כן אמרו רבותינו זיכרונם לברכה [ראש השנה ט א] - כל הקובע סעודה בערב יום הכיפורים כאלו נצטווה להתענות תשיעי ועשירי והתענה בהם, כי הראה שמחתו בהגיע זמן כפרתו, ותהיה לו לעדה על דאגתו לאשמתו, ויגונותיו לעונותיו:

**ט. והשנית** - כי בשאר ימים טובים אנחנו קובעים סעודה לשמחת המצוה, כי יגדל וישגה מאוד שכר השמחה על המצות, כמו שנאמר [דברי הימים-א כט יז] - ועתה עמך הנמצאו פה ראיתי בשמחה להתנדב לך. ונאמר [דברים כח מז] - תחת אשר לא עבדת את ה' אלהי"ך בשמחה ובטוב לבב. ומפני שהצום ביום הכיפורים, נתחייבו לקבוע הסעודה על שמחת המצווה בערב יום

הכיפורים:

**י. והשלישית** - למען נחזק להרבות בתפלה ותחנונים ביום הכפורים, ולשית עצות בנפשנו על התשובה ועיקריה:

**יא.** ואם עבר אדם על כריתות ועל מיתות בית דין ועשה תשובה, אחרי כי לא נרצה העוון בלי יסורין, כי התשובה תולה ויסורין ממרקין, יכין לבו לעשות מצות המגינות מן היסורין, כמו מצות הצדקה, כי היא מצלת גם מן המוות, שנאמר [משלי י ב] - וצדקה תציל ממות. ומי שאין לו ממון לעשות צדקה, ידבר טוב על העני ויהיה לו לפה לבקש מאחרים להיטיב עמו, ואמרו רבותינו זיכרונם לברכה [בבא בתרא ט א] - גדול המעשה יותר מן העושה. וכן יעסוק במצות גמילות חסדים לעזור את חבריו בעצתו והשתדלותו, כמו שאמרו רבותינו זיכרונם לברכה [סוכה מט ב] - גדול גמילות חסדים מן הצדקה. שהצדקה בממונו וגמילות חסדים בין בגופו ובין בממונו, והצדקה לעניים בלבד וגמילות חסדים בין לעניים ובין לעשירים. וכן ידבר על לב העני ויכבדהו וינחמהו מצרתו, כעניין שנאמר [ישעיהו נח י] - ותפק לרעב נפשך. ואמרו רבותינו זיכרונם לברכה [בבא בתרא ט ב] - כי המפייסו בדברים גדול מן הנותן צדקה. וכן יעסוק במצות בקור חולים, וקבורת מתים, ותנחומי אבלים, ולשמח חתן וכלה, כי כל אלה מדרכי החסד. וכנגד כולן מצות תלמוד תורה לשם שמים, וכל המועצות שזכרנו בכלל מה שאמר שלמה המלך עליו השלום [משלי טז ו] - בחסד ואמת יכופר עון. כי קנין התורה נקרא קנין האמת, כמו שאמר [משלי כג כג] - אמת קנה ואל תמכור. ונאמר [תהלים קיט קמב] - ותורתך אמת. ואמרו רבותינו זיכרונם לברכה [ויקרא רבה קדושים כה א] [משלי ג יח] - עץ חיים היא למחזיקים בה. עבר אדם על כריתות או מיתות בית דין, אם היה רגיל לקרוא פרק אחד, ביום יקרא שני פרקים, אם היה רגיל לקרוא פרשה אחת יקרא שתי פרשיות, ומשני פנים תגין עליו התורה מן הייסורים.

**האחת** כי אמרו רבותינו זיכרונם לברכה [שבת קכז ב] -

תלמוד תורה כנגד כולם.

**והשנית** כי ישיב עמלו בתורה וטרחו בה ואשר תידד שנתו מעיניו, יעלה במקום ייסורים, כמו שאמרו רבותינו זיכרונם לברכה [סנהדרין צט ב] - כל הגופים לעמל יולדו אשרי מי שהיגיעה שלו בתורה. ואמרו [סנהדרין כו ב] - למה נקרא שמה תושיה שמתשת כוחו של אדם:

**יב.** וכן ישים במקום ייסורים, צומות, ותעניות, והורדת דמעות, ומניעת נפשו מן התענוגים, כמו שנאמר [תהלים קט כד] - ברכי כשלו מצום ובשרי כחש משמן. ונאמר [יואל ב יב] - שובו עדי בכל לבבכם ובצום ובבכי ובמספד. וייאנח תמיד במרירות ליבו כמו שזכרנו בשער הראשון מן התשובה, וישים ריבוי המרירות במקום היסורין, כמו שנאמר [משלי יח יד] - רוח איש יכלכל מחלהו ורוח נכאה מי ישאנה. פירוש כאשר יחלה הגוף הנפש תסבול חליו. מלשון [מלאכי ג ב] - ומי מכלכל את יום בואו. כלומר תעזור לגוף ותסעדהו כאשר תדבר על לבו ותנחמהו לקבל ולסבול, אבל כאשר הנפש חולה ונכאה מן היגון והדאגה, מי נחם הנפש ומי יסבול ויסעד אותה, הנה כי הדאגה ומרירות הלב יכבדו מחלי הגוף., כי הנפש סועדת הגוף בחוליו, אבל כשהנפש חולה ונכאה מיגונה לא יסעדנה הגוף, ואם תמצא את החוטא תלאה, ותקרה עליו צרה, ויצדיק עליו את הדין ויקבל המוסר באהבה, יהיה זה לו למגן מן היסורין הרבים, הראויין לבוא עליו, כמו נאמר [תהלים עו יא] - כי חמת אדם תודך שארית חמות תחגור. פירוש כאשר צער האדם יודה אותך, כלומר שיודה אותך האדם בעת צערו, מלשון [איוב ו ב] - לו שקול ישקל כעשי שענינו הצער. שארית חמות, שהיו מפותחות לבוא על האדם, כעניין [מלכים-א כ יא] - אל יתהלל חוגר כמפתח. תחגור ותעכב אותם ואל תביאם עליו, וזה הדרך משל למפתח החרב ומשיב אותה אל נדנה, ונאמר [ישעיהו יב א] - אודך ה' כי אנפת בי ישוב אפך ותנחמני. פירוש אודך על מוסרך וקבלתיו באהבה, ובעבור זה שאודך על שאנפת בי, ישוב אפך ותנחמני, וכן בעניין ההודאה על הטובה, נאמר

[תהלים נב יא] - אודך לעולם כי עשית ואקוה שמך כי טוב נגד חסידיך. פירושו אודך על הטובה שעשית עמדי, ובעבור זה אקווה להתמדת טובתך. ונאמר [תהלים קטז יג] - כוס ישועות אשא ובשם ה' אקרא [תהלים קטז ג] - צרה ויגון אמצא. [תהלים קטז ד] - ובשם ה' אקרא. ואמרו רבותינו זיכרונם לברכה [מדרש תהלים עט] - בעניין מה שכתוב [תהלים ג א] - מזמור לדוד בברחו. [משלי כא טו] - שמחה לצדיק עשות משפט. מידתן של צדיקים פורעים חובן ומזמרין להקדוש ברוך הוא, משל לבעל הבית שהיה לו אריס, והיה אותו אריס חייב לו, עשה אותו אריס את הגורן וצברה ועשאה כרי, נטל בעל הבית את הכרי ונכנס האריס ריקן לביתו, והיה שמח שהיה נכנס ריקן, אמרו לו יצאת מגרונך וידך על ראשך ואתה שמח, אמר להם אף על פי כן השטר ממורק, פרעתי את חובי:

**יג.** וחייב האדם להתבונן ולדעת, כי אין התלאה אשר מצאתהו והייסורים הבאין עליו, לפי גודל עונו ורוב חטאיו, אך השם יתברך מייסרו דרך מוסר האב את בנו בחמלת ה' עליו, שנאמר [דברים ח ה] - וידעת עם לבבך כי כאשר ייסר איש את בנו ה' אלהי"ך מיסרך. ואמרו רבותינו זיכרונם לברכה [ילקוט שמות יתרו שנ] - ליבך יודע מעשים שעשית ויסורים שהבאתי עליך, כי לא לפי מעשיך ייסרתיך. ונאמר [איוב יא ו] - ודע כי ישה לך אלו"ה מעונך. ונאמר [עזרא ט יג] - כי אתה אלהינ"ו חשכת למטה מעוננו. וכאשר יבוא המוסר על אויבי ה' יתברך, בעוון אחד הם נספים, כי תבוא עליהם הפורענות בבת אחת, כמו שנאמר [תהלים לד כב] - תמותת רשע רעה. ושאר עונותם נשארים על נפשם, כמו שנאמר [יחזקאל לב כז] - ותהי עוונותם על עצמותם. אבל בבוא המוסר על הצדיקים, מעט מעט יבוא עליהם עד תם עונותם, כמו שנאמר [עמוס ג ב] - רק אתכם ידעתי מכל משפחות האדמה על כן אפקוד עליכם את כל עונתיכם. ופרשו רבותינו זיכרונם לברכה [עבודה זרה ד א] - משל לאחד שהלווה לשני בני אדם, אחד אוהבו ואחד שונאו, אוהבו נפרע ממנו מעט מעט, שונאו נפרע ממנו בבת אחת, ונאמר [משלי כד טז] - כי שבע ייפול צדיק וקם ורשעים

יכשלו ברעה. פירושו ברעה אחת יכשלו ויתמו, ונאמר [ירמיהו י
כד] - יסרני ה' אך במשפט. אל באפך פן תמעטני, פרוש אך
במשפט במידת רחמיך וחוק חסדיך, מלשון [במדבר כט יח] -
במספרם כמשפט כחוק. [תהלים קיב ה] - יכלכל דבריו במשפט.
במידה, ומשלו עוד משל בעניין הזה ואמרו [מדרש תהלים יח] - מי
שאינו יודע להכות מכה את בנו על עיניו ועל פניו, אבל מי שיודע
להכות מכה את בנו בעניין שלא יזיק לו, וכן כתוב [תהלים קיח יח]
- יסר יסרני יה ולמות לא נתנני. ונאמר [איוב ב ו] - אך את נפשו
שמר. ולא יבואו על הרשעים זולתי ייסורי נקם, אבל ייסורי
הבחינה לא יבואו זולתי על הצדיקים, שהם מקבלים אותם
באהבה ומוסיפים תיקון במעשיהם, והיסורין לטובתם ותועלתם
וגדל שכרם, כמו שנאמר [תהלים יא ה] - ה' צדיק יבחן. ומשלו
רבותינו זיכרונם לברכה משל בזה ואמרו [בראשית רבה נח לב] -
בזמן שיודע בעל הפשתן כי הפשתן חזק. מכה עליו הרבה
לעשותו רך וטוב:

**יד.** והנה אנחנו חוזרים לעניין דברנו בסדר הכפרות ונאמר, כי
כאשר יעבור אדם על כריתות ועל מיתות בית דין בשוגג, חייב
להתוודות ולבקש תחנונים על הסליחה, ולהתאנח במרירות לב
ולדאוג ולפחד, כי אלה מעיקרי הכפרות, ויעסוק תמיד בפרשת
חטאת, ויחשב לו כאילו הקריב חטאת, רצונו לומר כי יועיל
הרבה בדבר ויתכפר לו מעין כפרת החטאת:

**טו.** ודע כי השוגג ענוש יענש, כאשר הקדמנו לבאר, אף כי
הפושע, רצונו לומר מי ששגג לדבר שדרך בני אדם להיזהר
ממנו, ויש לו לדאוג ולפחד מחטאו, ואמרו רבותינו זיכרונם
לברכה [מדרש תהלים מח] - בפירוש מה שכתוב [תהלים מח ג] - יפה
נוף משוש כל הארץ הר ציון ירכתי צפון קרית מלך רב. כאשר
היה אדם עובר עברה בשוגג, היה ליבו דואג עליו וחרד ומפחד
לחטאו, עד שהיה עולה לירושלים והיה מקריב קרבן החטאת,
והיה אך שמח, על זה נאמר - יפה נוף משוש כל הארץ, ומה
שאמר ירכתי צפון, על המזבח דיבר כי ירכתי צפון היה משוש

כל הארץ. כי החטאת הייתה נשחטת על ירך המזבח צפונה, ואמרו רבותינו זיכרונם לברכה [מדרש תהלים נא] - בזמן שאדם עובר עברה, ונושא ונותן בליבו תמיד על עניין חטאתו אשר חטא, וחרד ומפחד עליה הקדוש ברוך הוא מוחל לו, ובזמן שמעביר עבירה מנגד עיניו והיא קטנה וקלה לנגד עיניו, דומה ענינו למי שנשכו עקרב והוא בז לנשיכה, ודוחק רגלו על הארץ להעביר הארס, ורואיו יאמרו לו, הלוא ידעת כי תעלה מכף רגלך ועד קדקדך:

**טז.** עתה נדבר על מי שיש בידו עון חילול השם, שלא יתכפר עונו ביסורין, והנה הקדמנו כי יש לו רפואות תעלה אם יקדש את השם יתברך תמיד, עוד תמצא לו כפרה בהגיונו תמיד בתורה ויגיעתו בה, כאשר אמרו רבותינו זיכרונם לברכה [ראש השנה יח א] - אם יתכפר עון בית עלי בזבח ובמנחה, אבל מתכפר בדברי תורה, ואף על פי שהיה עוון עלי מחלול מצות קדשים, כמו שנאמר [שמואל-א ג יג] - בעון אשר ידע כי מקללים להם בניו. והנה כי התורה רפואה לכל מכה נחלה מאד, על כן כתוב [משלי טו ד] - מרפא לשון עץ חיים:

**יז.** ועל זה אמרו זיכרונם לברכה [יומא פו א] - כי על כריתות ומיתות בית דין תשובה ויום הכפורים תולין ויסורין ממרקין. יש שאלה, והלוא כתוב [ויקרא טז ל] - מכל חטאתיכם לפני ה' תטהרו. והתשובה בזה, כי מה שנאמר לפני ה' תטהרו, מצות עשה על התשובה, [איכה ג מ] - שנחפשה דרכינו ונחקורה ונשובה אל ה'. ביום הכפורים, ואף על פי שתחייבנו על זה בכל עת, החיוב נוסף ביום הכפורים, והטהרה אשר בידינו היא התשובה ותיקון המעשים. אבל מה שכתוב [ויקרא טז ל] - כי ביום הזה יכפר עליכם לטהר אתכם. שהוא אמור על הטהרה שהשם יתברך מטהר אותנו מן העוון, ומכפר עלינו כפרה שלמה ביום הכפורים בלא ייסורים, זה נאמר על מצות לא תעשה. אבל על כרתות ומיתות בית דין תשובה ויום הכפורים תולין, ויסורין ממרקין:

**יח.** ואמרו רבותינו זיכרונם לברכה [יומא פה ב] - מכל חטאתיכם לפני ה' תטהרו, עבירות שבין אדם למקום יום הכפורים מכפר, עברות שבין אדם לחברו אין יום הכפורים מכפר, עד שירצה את חברו. לכן מי שגזל את חברו, ישיב את הגזלה ואחרי כן יתוודה, ואם התודה תחילה, לא עלה לו הוודוי, כמו שאמרו רבותינו זיכרונם לברכה [בבא קמא קי א] - בעניין הגוזל והנשבע לשקר, שהוא חייב לשלם קרן וחומש ולהביא אשם, שהמביא גזלו עד שלא הביא אשמו יצא, אשמו עד שלא הביא גזלו לא יצא. שנאמר בעניין גזל הגר שאין לו יורשין ונותן התשלומין לכהן [במדבר ה ח] - האשם המושב לה' לכהן מלבד איל הכפרים אשר יכפר בו עליו. פירושו האשם הנזכר במקרא הזה הוא על התשלומין. מלשון [במדבר ה ח] - ונתן לאשר אשם לו. והוא מביא התשלומין מלבד איל הכפרים אשר יכפר בו עליו אחרי כן:

**יט.** ואמרו רבותינו זיכרונם לברכה [יומא פז א] - אם הקניט אדם את חברו בדברים צריך לפייסו, ואין צריך לומר אם דבר עליו לשון הרע, כי זה מן העברות החמורות, ואם לא מחל לו חברו, חייב לבוא לפניו עם חבורת שלשה בני אדם, ואם לא מחל לו, יבוא לפניו שנית עם חבורה אחרת, וכן יעשה פעם שלישית, ואמר אליהוא [איוב לג כז] - ישר על אנשים ויאמר חטאתי וישר העויתי ולא שוה לי. פירוש האיש הישר העוויתי, מלשון [איוב א א] - תם וישר. כי לא הייתי רואה זכות לאיש הישר, אבל שמתיו נעוה ונעקש, ולא היה שווה וישר אצלי, ולא שווה לי, מלשון [ישעיהו כח כה] - הלוא אם שוה פניה. [בראשית יד יז] - אל עמק שוה. עניין יישור והשואה, ולפי שבזה את הישרים לפני בני אדם, צריך להיכנע להם ולהתוודות לפני רבים. על כן אמר ישר על אנשים. ועל כן דבר אליהוא על החטא הזה בפרט, כי הוא מן העבירות החמורות והמפסידות את הנפש, ואמרו רבותינו זיכרונם לברכה [שבת קיט ב] - כל המבזה תלמיד חכם אין לו רפואה למכתו. מפני שחלל את התורה, שנאמר [דברי הימים-ב לו טז] - ויהיו מלעבים במלאכי האלהי"ם וגו'. לאין מרפא.

**כ.** ומה שאמרו רבותינו זיכרונם לברכה [יומא פו א] - כי מי שיש בידו חילול השם, תשובה ויום הכפורים ויסורין תולין ומיתה ממרקת. לפי שהמיתה ממרקת כל חטא אשר התשובה מועילה, ואם נהרג והתודה לפני מותו, מעת שנפלו עליו אימות מות יש לו כפרה, ונחשב ההורג כשופך דם נקי וחסיד, שנאמר [תהלים עט ב] - בשר חסידיך לחיתו ארץ. ואמרו רבותינו זיכרונם לברכה [מדרש תהלים עט] - כי זה נאמר גם על הרשעים שבהם, שנאמר עליהם [ירמיהו ה ח] - סוסים מיזנים משכים היו. כי נחשבו כחסידים, לפי שנעשה בהם הדין, כמו שכתוב ונקלה אחיך לעיניך כיון שלקה הרי הוא כאחיך:

**כא.** ואמרו רבותינו זיכרונם לברכה [יומא פו ב] - עברות שהתוודה עליהן ביום הכפורים זה, חוזר ומתוודה עליהן ביום הכפורים אחר, שנאמר [תהלים נא ה] - וחטאתי נגדי תמיד. רבי אליעזר בן יעקב אומר, אינו חוזר ומתודה עליהן ביום הכפורים אחר, ובמדרשים [מדרש תהלים לב] - הזהירו מאד שלא יחזור ויתוודה עליהן ביום הכפורים אחר, והזהירו על זה משני פנים.

**האחד** - כי הוא מראה עצמו מקטני הבטחון וכאילו איננו בוטח על גדולת סליחת השם יתברך, שהוא [מיכה ז יח] - נשא עון ועבר על פשע. והזכירו על זה [תהלים לא יט] - תאלמנה שפתי שקר וגו'.

**והשני** - כי אם אינו מזכיר זולתי העונות הקודמים, ידמה כי אין דאגתו זולתי על הראשונות וכי לא חטא מאחרי כן, ואם כן ידמה איננו חופש וחוקר דרכיו, וזה חולי רע הוא, כי המשגיחים על נפשם רואים בה תמיד דברי עונות או במידותיה, ובאשר מקצרת מהשגת מדרגות היראה, או באשר מקצרת מן העבודה ומעסק בתורה, כי העונשים גדולים על אלה, גם כי פשיעות הלשון מצויות, ואמרו רבותינו זיכרונם לברכה [בבא בתרא קסד ב] - שלשה דברים אין אדם ניצל מהן בכל יום, הרהור עבירה, ואבק לשון

הרע, ושאינם מכוונים לבם בתפילתם פעמים רבות.

**והשלישית** - כי ידמה שהוא מתפאר בהתוודותו על הראשונות לבדם כי לא חטא אחרי כן, ואמרו במדרשים [מדרש תהלים לב] - בשביל שאין לך מן החדש אתה מתוודה על הראשונות. ומה שכתוב [תהלים נא ה] - וחטאתי נגדי תמיד. פרשו במדרש [מדרש תהלים נא] - שיהו נגד עיניו ונזכרים בליבו. אבל לא יזכירם בפיו, עוד פרשו בו בתלמוד ירושלמי [יומא ח ז] - שלא יהיו בעיניך כאילו לא עשיתם, אלא כאילו עשיתם ונמחלו, וכבר זכרנו זה בשערי עיקרי התשובה. ואמנם יש לו לבקש רחמים כל ימי חייו על סליחת עונותיו הראשונים והאחרונים, ולהיות ירא ומפחד אולי לא השלים חוק עיקרי התשובה.

**והרביעית** - כי העברות שיש בהם כרת, יסורין ממרקין אותן כאשר זכרנו, גם דוד המלך עליו השלום אמר [תהלים כה ז] - חטאות נעורי ופשעי אל תזכור. אך לא יזכיר הקודמות בפרט, אחרי אשר שב מהן והתודה עליהם ביום הכפורים, שכבר קיים מצות וידוי בהם, ויש לו לבטח שכבר נתקבל וידויו במה שהווידוי ראוי לכפר, אכן כל הימים יתפלל על סליחת עונותיו, כאשר זכרנו, ואין מחובת התפילה לפרט חטאיו, רק מחובת הווידוי, ועוד מטעם אחר צריך להתפלל על עוונות הימים הראשונים, כי אולי יש לו עונות וחטאות שלא התבונן עליהם, לא זכרם ולא התוודה עליהם, וכעניין שנאמר [תהלים יט יג] - מנסתרות נקני:

**כב. וסדר הודוי** - חטאנו, עוינו, פשענו, והחטא כולל השגגה והפשיעה, ועניין הפשיעה בלשון חכמי ישראל כשאינו נזהר בעניין שדרך בני אדם להיזהר, כאשר הקדמנו. והעונות הם הזדונות, והפשעים הם המרדים, מלשון [מלכים-ב ג ז] - מלך מואב פשע בי. והשם יתברך סולח כגודל חסדו גם למורדים בו, כי

ישובו אליו בכל לבם, ונאמר [דניאל ט ט] - לה' אלהינ"ו הרחמים
והסליחות כי מרדנו בו. ונאמר [תהלים כה יא] - למען שמך ה'
וסלחת לעוני כי רב הוא. ונאמר [תהלים סה ד] - דברי עוונות גברו
מני. פשעינו אתה תכפרם:

# תם ונשלם

# השבח לריבון העולמים